商店街はいま必要なのか

「日本型流通」の近現代史

満薗 勇

講談社現代新書

2325

目次

プロローグ

商店街をどう見るか

「商店街はいま必要なのか」というこの本のタイトルから、どのような内容を期待されるでしょうか？　商店街をよく利用する方なら、「商店街は必要に決まってるじゃないか」と思われるかもしれませんし、商店街でふだんあまり買い物をしていない方なら、「商店街がどうしても必要だとまでは言えないな」と思われるかもしれません。どちらにしても、本書を手に取った多くの方の関心は、「この著者は、商店街を必要だと思っているのか、YESなのか、NOなのか、どっちなんだ？」というところに向けられていることと思います。

実は、本書はもともと『「日本型流通」の近現代史』という仮タイトルで書き進めたものでした。元のタイトルからは、日本流通の歴史を概説したものというイメージが強いでしょう。しかし、出揃った原稿を読んだ編集者から、「これは単なる歴史の概説書というよりも、流通の『いま』に対する筆者の問題意識が強くにじみ出た本になっているから、その問題意識を前面に出したタイトルにするべきだ」と提案され、紆余曲折を経て、今のタイトルに決まりました。

私は歴史学を専攻し、日本の近現代史を勉強してきました。特に、第二次世界大戦よりも前の時代を対象として、通信販売や割賦販売の歴史を通して、「日本はどのように『豊かな社会』を実現してきたのだろうか？」という問題を中心に研究してきました。そうした問題を追究するうちに、「日本の流通を考えるうえでは、商店街をどう理解するかが最も重要なポイントだ」という考えに至りました。

一方で、「豊かな社会」を実現した戦後の歴史を詳しく見れば見るほど、商店街を中心に「豊かな社会」を実現しようとしてきた時代と、経済的には「豊かな社会」をすっかり実現したかに見える「いま」の時代とが、どこか大きなところで、ずいぶんと異なる姿を見せているようにも感じられました。商店街の発展を支えてきたような社会のあり方が、どこか根本的なところで大きく変わってきたのではないか。「商店街はいま必要なのか」というタイトルは、このような歴史の側から見た問題意識を表現したものとなっています。

では、商店街がなぜ、どのような意味で、日本の流通や社会のあり方を考えるポイントとなるのでしょうか？　あるいは、もともとの仮タイトルで、サブタイトルになった「日本型流通」とはどのようなものなのでしょうか？　もう少し、これらの疑問を解きほぐしていくことにしましょう。

「日本型流通」をめぐって

さて、皆さんは、「日本型流通」と聞いて、どのようなことを思い浮かべるでしょうか？　今現在の私たちに身近なところでは、たとえばショッピングセンターが、車だけでなく、鉄道を利用してアクセスできるところに多く立地しているとか、ネット通販最大手の「楽天市場」が、自前で商品を仕入れて売るのではなく、オンライン上に仮想商店街を作って、消費者と店舗をネット上で結びつけるビジネスモデルをとっているとか、もともとアメリカで生まれたコンビニエンス・ストアが、日本で特異な発展を遂げて本家アメリカを凌いでいるとか、日本の特徴と認められる流通の姿は、いろいろなところに見いだすことができます。

あるいは、流通業に少し詳しい方なら、日本型流通と聞くと、真っ先に、一九八〇年代後半から一九九〇年代初頭に激しく戦わされた議論を思い浮かべるのではないでしょうか。当時、対日貿易赤字に苦しんでいたアメリカからの批判をきっかけに、日本独特の流通システムや商慣行が非効率で閉鎖的だという見方が広がっていきました。

具体的に列挙すれば、規模の小さな小売商店が数多く展開している、問屋が発達してメーカーと小売との間に多くの卸売取引が行われている、大手メーカーが卸売業者や小売業者を系列化している、支払い基準が分かりにくい形でリベート（報奨金）のやりとりが行われている、不良品や欠陥品でもない商品に返品制度がある、大型店の出店が法律で厳しく規制されている、といった点です。その批判に対してまた、反論もなされて議論になりました。

以上のように、一口に日本型流通と言っても、さまざまな内容を含んでいます。そのなかで、本書では、中小小売商とそのまとまりである商店街を主役に据えて、小売業の歴史を見ていくことにしたいと思います。中小小売商も商店街も、もちろん外国にだって存在しています。しかし、ある時期までの日本では、中小小売商や商店街が小売業全体のなかで、まさに主役と呼ぶにふさわしい位置を占めており、すぐ後で見るように、そのことは、国際比較のうえからも、日本流通史の際立った特徴として認められるものです。

実際のところ、少なくとも一九八〇年代初頭までは、鉄道やバスを中心にした交通網のなかで、日々の暮らしに必要なものは最寄りの商店街で一通り揃うえに、繁華街へ足を伸ばせば、そこには百貨店などの大型店だけではなく、アーケードに覆われた街路に、規模の小さな専門店が軒を連ねて、全体として商店街を形づくっているような景色を見ることができました。

ところが、周知の通り、その後は、乗用車の普及と幹線道路網の整備によって、大型店が続々と郊外のロードサイドに出店し、駅前の商店街をはじめとした中心市街地とは、立地の面で隔絶を深めていきました。先に述べたように、日本のショッピングセンターは、鉄道駅とのアクセスを意識して立地する例が多いのですが、その場合でも、ショッピングセンターは、いわば「独立王国」として君臨し、基本的には地元の商店街と行き来するようなものではありません。

加えて、小売革新の進展によって、個人が経営するまちの小売商店と、大企業が組織的に展開する小売店舗との間で、扱う商品の価格や品質にどんどん格差が広がっていきました。市場の細かな変化や地域差といった、従来であれば個人商店が強みとした部分についても、情報技術革新の恩恵によって、大企業が組織的に対応できるようになりました。多くの個人商店からなる商店街という買い物の場は、ますます魅力の乏しいものになっていったのです。

このように、多くの商店街が、立地の変化を伴う小売革新の進展から取り残された結果、今では、地方都市を中心として、シャッター街と化している例が少なくありません。

一方で、そうした現状を憂う声はよく聞かれますし、商店街の賑わいを取り戻そうとする取り組みも盛んです。このまま商店街がさびれていってしまうことには、多くの人がどこか抵抗を感じており、なにかもやもやした感覚を抱いているように見受けられます。

商店街への思い

実際に、私が大学で流通史の講義を行うときに、商店街というテーマで話をすると、授業後の学生からのコメントは、さびれゆく商店街の現状を憂うもので必ず溢れかえります。首都圏の大学では、賑わいのある商店街に接している学生も少なくないのですが、それでも地方出身の学生を中心として、次のようなコメントが数多く集まるのです。

・小中学校のときよく使っていた商店街が、最近出来たショッピングモールの影響で、コンビニとパチンコ屋以外は活気がなくなっていて残念だった。
・私の地元の商店街は、この時期〔七月〕は七夕《たなばた》祭でものすごく盛り上がるのに、それ以外は完全にシャッター街。一割くらいは営業しているが、どうしてこうなったのか、とても悲しい。
・中高時代の最寄り駅に商店街があったが、卒業するころには、角のせんべい屋以外、すべてシャッターが閉まってしまい、とてもさみしかった。

・商店街は残ってほしい。あの雰囲気が好きなので。
・個人的に商店街は好きなので、盛り上がり直してくれるとうれしい。

このように、商店街がさびれていくことに対しては、多くの学生から「残念」「悲しい」「さみしい」といった声が寄せられますし、商店街を「好き」だと言う学生も数多くいます。授業のなかで、私が「商店街はこのままなくなってしまってもよいのか？」という問いを発すると、「よくない」「いやだ」「さみしい」といった声が多く挙がり、「なくなっても構わない」と答える学生は、ごく少数にとどまります。

しかしながら、それに続けて私が、「では商店街で買い物をしているか？　買い物をしたいと思うか？」と問いかけると、学生からは、まず間違いなく「していない」「したいと思わない」という答えが返ってきます。次のようなコメントからも、商店街が買い物の場としては、十分に支持されていない様子がうかがえます。

・商店街の雰囲気は好き。大規模なショッピングモールは魅力あるし、自分もよく行くけど、あたたかい感じがするのは商店街のほう。小さなお店の人とか優しいから。地元は三年前にショッピングモールに生まれ変わってしまった。良い面もあるけどさみしい。

・祭りのときなどは提灯を下げたりと行事に乗っかっていた。近くに神社もあり、人通りは常にそこそこあったイメージ。ただ、物が売れるかは別の話で、正直売れているのは見たことがないというくらいの感じだった。

要するに、消費者としてモノを買う立場から、いわば「消費者の利益」という観点に照らすと、商店街で買い物をするという選択肢は選ばない。けれども、街路の賑わいやコミュニケーションの場、地域コミュニティの担い手という面からは、商店街の存続を強く願っている。これが私の接する学生の最大公約数的な姿ということになりそうです。

本書が中小小売商や商店街を主役に据えるのは、ある時期までそれが、日本の小売業のなかで量的に大きな比重を占めていたからというだけではありません。ここで紹介したように、商店街が衰退しつつある現状に対して、「残念」「悲しい」「さみしい」といった声が多く上がることに、いまを考える重要な手がかりがあると思うからです。

もう少し踏み込んだ言い方をすれば、「商店街はこのままなくなってしまってもよいのか?」という問いかけに、ほとんどそこで買い物をしない大学生でさえ、「よくない」「いやだ」「さみしい」と答えるのは、彼ら・彼女らが、小売商業のなかに、単なるモノの売り買い以外の何かを見いだしているからに他なりません。すでに見た通り、賑わい、コミュニケーション、コミュニティといった側面もあるでしょうし、「あたたかい感じがするのは商店街」「小さなお店の人とか優しい」というコメントからは、消費者という立場を超えて、ひとりの人間として商店街に向き合っている様子が伝わってきます。

ここには、「消費者の利益」という価値観の前に、他の諸価値が見えにくくなっているいまを、解きほぐす手がかりがあるように思えます。商品の価格や品質にさえ満足できれば、どこでどう買い物をしようが構わないはずなのに、商店街がさびれゆく状況には心がざわめくという感覚。本書は、この感覚が問いかけているものを大事にしながら、「消費者の利益」という視点を相対化しつつ、流通が社会をいかに変え、あるいは逆に、社会が流通をどう変えていったのか、という問題を考えてみたいと思います。

中小小売商と商店街

ここで少し視点を変えて、データに基づいて、日本型流通の形についてのイメージを膨らませておきましょう。流通機構の全体像に目を向けると、日本の流通史においては、中小小売商と商店街が特別な位置を占めていたことが、よく見通せると思います。

まずは次頁の図序−1をご覧下さい。この図は、日本の小売商店数を、そこで働く従業

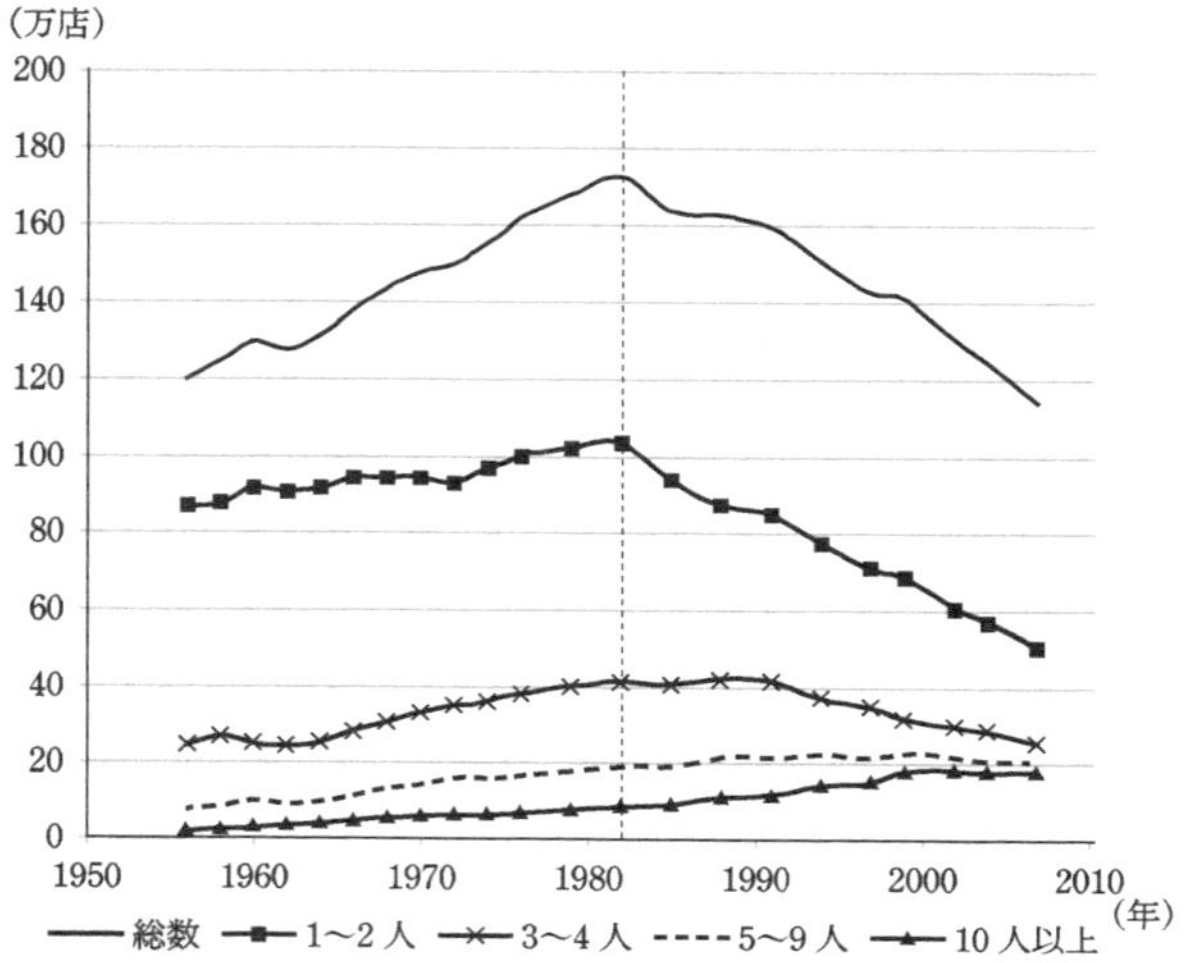

（出所）「商業統計表」より作成。

図序－1　従業者規模別にみた小売商店数（1956－2007年）

者数の規模別に整理したものです。

ここからは、次の二点を読み取ることができるでしょう。

①小売商店の総数は、一九八〇年代初頭をピークに、増加から減少へ転じている

②従業者数一～二人規模の小売商店数は、小売商店総数の推移と対応している

図のもとになった商業統計は、二年または三年ごとに調査が行われており、総数のピークを示すのは一九八二年のデータです。

流通業に関心があれば、一九五〇

年代から七〇年代は、「流通革命」の時代としてイメージされている方も多いと思います。スーパーのダイエーが、一号店を開店したのが一九五七年、それまで小売業売上高第一位だった百貨店の三越を初めて抜いて首位に立ったのが一九七二年のことで、「流通革命」の旗手としてスーパーに熱い視線が注がれていた時期にあたります。しかし、統計データから小売業全体を見ると、実は中小小売店が根強く展開し続け、それなりに発展の展望を持ちえた時期であるという見方もできるのです。

従業者数一〜二人といえば、店主のみ、もしくは店主とその配偶者のみという家族経営の商店としてイメージできます。夫婦で経営するこうした商店のことを、「パパママ・ストア」と呼ぶこともあります。「流通革命」の時代にあっても、そのような零細小売店が増加し続けていたことに、まずは注目しておきましょう。

続いて、次頁の表序-1を見て下さい。この表は、一九七六年の日本を基準として、経済発展の水準が、だいたい同じレベルになるような年を選んで、各国における流通の形を比較したものです。ここからは、次のような日本の位置づけが見えてきます。

①人口一万人当たり小売店舗数は、韓国・台湾とともに、最も多いグループに属する

②一小売店舗当たり従業者数は、韓国・台湾ほどではないが、少ない方に位置する

	年次（年）	1人当たりGDP（GKドル）	人口1万人当たり小売店舗数	1小売店舗当たり従業者数（人）	従業者5人未満小売店舗比率（%）	従業者10人未満小売店舗比率（%）	W/R比率
アメリカ	1963	12,242	90	5.92	69.6	89.4	1.47
イギリス	1976	12,115	70	6.41	—	65.5	1.50
フランス	1971	11,845	103	3.72	81.9	90.0	1.36
ドイツ	1979	13,993	67	5.89	78.3	89.9	1.67
日本	1976	11,669	141	3.46	85.6	95.9	3.98
韓国	1996	12,579	169	2.20	94.6	98.2	1.01
台湾	1991	10,577	145	2.42	93.2	97.7	1.69
マレーシア	2008	10,292	79	4.27	77.1	93.4	1.28
タイ	2007	8,584	119	—	96.4	98.7	—

（出所）満薗勇『日本型大衆消費社会への胎動』東京大学出版会、2014年、16-17頁。

（注1）1人当たりGDPはアンガス・マディソンHP（http://www.ggdc.net/maddison/）による。単位は1990年国際ゲアリー＝ケイミス（Geary-Khamis）ドル。
（注2）ドイツの商業統計は西ドイツのデータ。
（注3）従業者規模の区分は、アメリカ（11人未満）、フランス（7人未満／11人未満）、ドイツ（6人未満）、タイ（6人未満／11人未満）のみ他と異なっている。また、イギリスの従業者10人未満店舗比率は1980年のデータ（田村正紀『日本型流通システム』千倉書房、1986年、38頁のデータを利用）。
（注4）W/R比率のうち、フランスは1972年のデータ（田島義博・宮下正房編『流通の国際比較』有斐閣、1985年、126頁のデータを利用）。イギリスは1974年の卸売額データと突き合わせて算出。

表序－1　各国における流通機構の形

③中小小売店の比率は、韓国・台湾・タイとともに、高い方に位置する
④W／R比率は、日本のみが突出して高い

このなかで、④のW／R比率については、補足説明が必要でしょう。Wというのは「卸売（Wholesale）」、Rというのは「小売（Retail）」の略で、W／R比率とは、卸売金額を小売金額で割った値のことです。卸売金額には、メーカーから小売業者の手に商品が渡るまでの取引金額がすべて合算されますので、間に卸売業者がたくさんはさまるほど、Wの数字が大きくなり、W／R比率は高い数字を示すことになります。

要するに、介在する中間流通業者が、二次卸、三次卸、四次卸と増えるにつれて、W／R比率は高くなるということですから、W／R比率が高いほど、その国の流通経路は長いということです。表序－1は、日本のW／R比率が、他の国に比べて突出して高いことを示しており、日本では問屋が発達していて、メーカーから小売業者の手に商品が渡るまでの間に、たくさんの卸売業者が介在していることを反映しています。

一方で、①②③からわかるように、日本は、韓国や台湾とともに、規模の小さな小売商店がたくさんあるという特徴をもった国に位置づけられます。この点をもう少し詳しく見るために、図序－2として、横軸に一人当たりGDPをとり、日本、アメリカ、イギリ

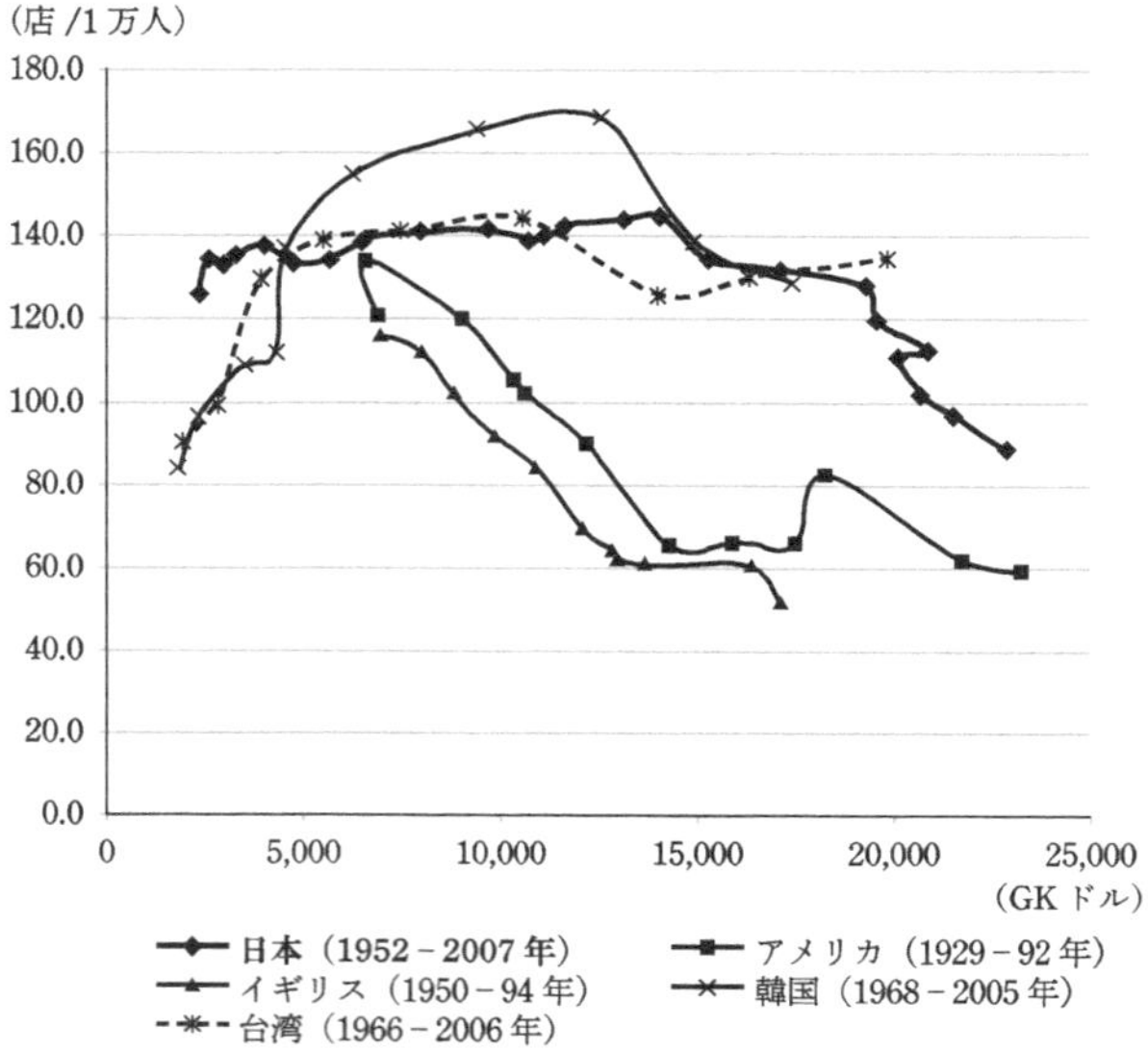

（出所）満薗勇『日本型大衆消費社会への胎動』18 頁。

図序－2　小売店舗密度の国際比較（GDP 基準）

ス、韓国、台湾の小売店舗密度（人口一万人当たりの小売店舗数）の推移を比較しました。この図からも、日本・韓国・台湾は、アメリカ・イギリスと大きく異なる動きを示していることが読み取れます。

　ただし、日本と韓国・台湾との間にも、小売の形という点では、大きな違いがあります。観光旅行などで訪れたことのある方も多いと思いますが、韓国や台湾には、小売市《いち》場《ば》が数多く存在し、中小小売商の多くが、市場《いちば》のなかに集まって営業しています。それに対して、日本においては、小売市場の数はそれほど多くはなく、商店街という形で寄り集まって営業することの方が一般的でした。中小小売商が、どのような形で集まっているのかということ（専門的な言葉でいえば商業集積のあり方）にも、それぞれの地域で個性が見られるのです。

以上をまとめると、日本型流通というのは、「メーカーと小売業者との間に、多くの卸売業者が介在するとともに、規模の小さな小売商店が全国にたくさんある」という流通の形として理解できます。大規模小売業がメーカーと直接取引を行うという、「『太くて短い』流通経路」が主流である英米のようなタイプと異なり、「『細くて長い』流通経路」が主流となっていたことが日本型流通の大きな特徴であり、それが商店街という小売の形をとっていたことは、日本の際立った個性であったと結論づけることができます。

五つのトピックと視点

本書は、小売革新の歴史的展開に注目して、日本型流通の近現代史を描こうとするものです。具体的には、百貨店、通信販売、商店街、スーパー、コンビニエンス・ストアという五つのトピックを取り上げます。ここまで強調してきた通り、この本では、中小小売商とそのまとまりである商店街を日本型流通の主役と捉えているのですが、商店街だけにトピックを絞らないのは、小売革新の動向に広く目を配ることで、中小小売商や商店街の位置づけが、よりいっそう鮮明になると考えているからです。

先の図序－1に示した通り、中小小売店は、一九八〇年代半ばから減少へ転じていますし、図序－2に見られるように、日本の小売店舗密度の動きは、一人当たりGDP二万ドルを過ぎたあたり（時期で言えば一九九〇年代半ば頃）から、急速に英米を追いかける形へと変化しています。

これらは、商店街が衰退していく動きと符合するデータで、言うなれば、一九八〇年代半ば以降は、日本型流通が変貌していく歴史として捉えることができるわけですが、その背景に、商店街を構成する個人商店が、立地の変化を伴う小売革新の進展から取り残されていったという事情があったことは、すでに触れたところです。

逆に言えば、一九八〇年代初頭までは、中小小売店や商店街が、さまざまな小売業態と共存できていたと考えることができます。もちろん、同時代的には、中小小売商による大規模小売店への反発は大きく、そのことが大型店規制を含む流通政策を生み出してきましたから、共存という側面だけで日本の流通史を描き切れるわけではありません。

ただ、本論で詳述するように、日本における大型店規制は、中小小売商をもっぱら保護・救済するためのものではなく、調整政策という枠組みのもとに、大規模小売業と中小小売業との共存を図ろうとするものでした。つまり、流通政策の理念そのものが、日本型流通の特徴に沿って歴史的に形成されたという見方も成り立つのです。

以下、章ごとに五つのトピックを順番に取り上げていきますが、商店街以外を扱う四つの章も、最終的には、中小小売店や商店街との関係を問題にしています。中小小売商と商店街が本全体の主役で、章ごとに主人公が入れ替わる連作短編集のようなイメージで読み進めてもらえればと思います。

あわせて、この本では、全体を貫く視点として、「消費」「労働」「地域」という三つの柱を立てました。モノを買うことは「消費」に連なり、小売の現場には「労働」があって、店舗を構えていれば「地域」との関係が生じます。「消費」「労働」「地域」は、それぞれが社会への広がりを持つ領域であると同時に、消費と労働、消費と地域といった形で、相互に影響を与え合うものでもあります。章によって力点の置き所は異なりますが、この三つの柱を立てることで、小売革新の歴史的展開を、社会への広がりのある問題として捉え直しています。

前置きが少し長くなりました。さっそく個別のトピックを見ていくことにしましょう。

第1章　百貨店

——大都市の百貨店が変えたもの

百貨店を知らない大学生

ある百貨店史の研究書には、百貨店を知らない大学生に困惑した先生のエピソードが紹介されています（藤岡里圭『百貨店の生成過程』）。

その先生が、大学のゼミナールで商業論に関するテキストを輪読していると、報告者の学生が「先生、百貨店って何ですか？」とおもむろに切り出し、先生があれこれと学術的な説明を加えてもピンと来ない様子で、三越、髙島屋といった有名百貨店や、地元の地方百貨店の名前を出しても、その学生はそれらすべてを知らなかったというのです。他のゼミ生もほとんどが百貨店になじみがなかったそうで、大変な衝撃を受けたとその先生は書き記しています。

私の場合は、ここまで全く知らないという学生に接したことはありませんが、「百貨店に行ったこと自体がない」「大型ショッピングセンターに行けば、そこにほとんど買いたいものがあるので、百貨店に行く必要はない」「百貨店で買い物しない。値段が高くて若者には敷居が高いイメージがあるから」「この年齢でデパートで買い物をすると、冷ややかしに思われるので行きづらい」といった声を寄せる学生は多く、百貨店が大学生にとってなじみのない場所となっていることは、間違いなさそうです。

実際に、経済産業省の統計によれば、百貨店の店舗数は、一九九七年の四三二店舗をピークに減少の一途をたどり、二〇〇七年には三二三店舗、二〇一三年には二五四店舗にまで減少しています（「商業販売統計年報」）。また、百貨店の売上高が小売総額に占めるシェアは、二〇〇七年時点で五・七％となっており、戦後のピーク時に比べても数パーセント低い状況です（「平成一九年商業統計表」）。「百貨店を知らない大学生」は、今後ますます増えていくかもしれません。

授業では、そんな学生たちに、二九頁の図1－1～図1－4を見せながら、百貨店が流行を生み出してきた歴史を説明すると、とても驚いた様子で身を乗り出してきます。

これらの図は、一九〇五年の春、日露戦争（一九〇四～〇五年）の最中に三越が仕掛けて大成功を収めた「元禄ブーム」の様子を伝えるもので、三越による「元禄ブーム」は、流行を追いかけるのではなく、自ら流行を生み出すという形の小売ビジネスを、日本で初めて成功させた例になります。百貨店になじみのない今の大学生には、流行と百貨店が結びつくということ自体が、新鮮な驚きをもって受けとめられるのでしょう。

ここでの「元禄」という言葉は、江戸時代の元禄時代からきています。年号としては一六八八～一七〇四年の一七年間、広く文化の画期として捉えると、五代将軍徳川綱吉が在位した一六八〇～一七〇九年の約三〇年間を指す時代です。江戸幕府による政治体制の基礎が固まり、町人たちの学芸や文化が開花した時代として知られています。文学では、井原西鶴、松尾芭蕉、近松門左衛門、絵画では、尾形光琳や菱川師宣などが優れた作品を残しました。

そうした時代イメージを前提としつつ、日露戦争時の好景気に際して、「景気がよければ派手な模様が流行する」と考えた三越は、呉服の裾模様として、元禄時代のデザインをアレンジした「元禄模様」を作ります（図1―1）。まさに自らの手で流行を生み出そうとしたのです。元禄風の呉服衣裳で着飾った新橋の人気芸者に舞踊団を結成させ、「元禄花見踊り」という新たな踊りまで考案する力の入れようです（図1―2）。

すると元禄模様はたちまち大ブームとなり、呉服にとどまらず、帯止め、手拭い、ネクタイ（図1―3）、煙草入れ、銀貨入れなどに、「元禄」の名を冠した商品が発売されるに至りました。さらに興味深いことに、三越以外の商店までもが、元禄下駄（図1―4）、元禄櫛、元禄簪《かんざし》、元禄団扇《うちわ》などといった商品を売り出していたのです。三越が仕掛けた「元禄ブーム」は、三越という一つの小売店を超える広がりを見せて、文字通りの「ブーム」になったと言えましょう。

こうして、「元禄ブーム」の成功に手応えを得た三越は、古今東西の流行という現象を研究する学者・文人・芸術家の研究会を、一九〇五年六月、つまりブームに沸くまさにそ

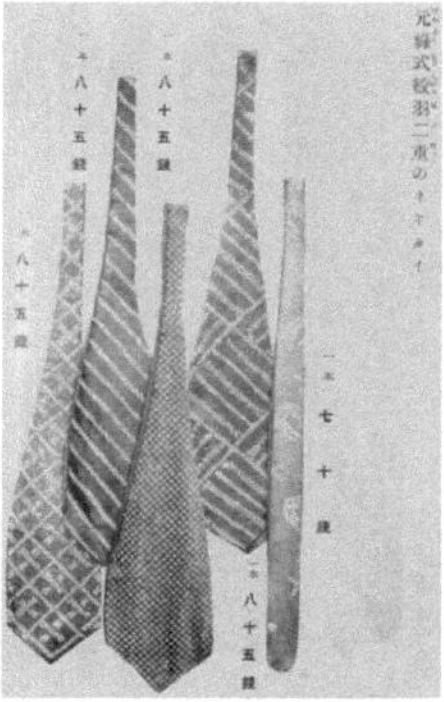

1905年の三越PR誌兼カタログ誌の『時好』より。（左上）図1－1　元禄長襦袢（3巻4号）、（右上）図1－2　元禄舞（3巻5号）、（左下）図1－3　元禄ネクタイ（3巻6号）、（右下）図1－4　元禄下駄。添えられた記事では「香取屋」という店が「元禄下駄」を売り出したことを紹介している（3巻6号）

のなかで立ち上げることとなりました。その名もズバリ「流行会」といいます。以後、三越をはじめとする百貨店は、呉服を中心として、日本における服飾界の流行を牽引する存在となっていきました。

この一九〇五年の年明けに（一月二日）、三越は「デパートメントストア宣言」と呼ばれる新聞広告を一般向けに発表しています。そこには「アメリカにみられるようなデパートを、これから日本にこの三越がつくっていきます」と謳《うた》われており、日本における百貨店業の幕開けが高らかに宣言されています。三越が日本最初の百貨店となることを宣言したわけです。

この章では、百貨店の成立から「（第一次）百貨店法」の制定（一九三七年）に至る時期を対象として、百貨店が華々しく発展していった様子を見ていくことにします。プロローグでは、大規模小売店と中小小売店との共存のなかに、「日本型流通」の個性が表れているとお話ししました。大学の授業では、「百貨店法」という法律があったことにも驚きの声があがるのですが、この法律は、日本型流通の個性を反映する形で成立し、その後の流通政策にも大きな影響を与えました。百貨店の歴史を踏まえたうえで、それを具体的に見ていくことが、この章の主な課題となります。

そもそも百貨店とは何か？

具体的な歴史を見ていく前に、百貨店という小売業態の特徴を整理しておきましょう。

それは、以下の三点にまとめられます。

①衣食住にわたるさまざまな商品を豊富に品揃えしていること
②仕入れと販売を商品部門別に管理していること
③きめこまやかで多様なサービスを提供していること

このなかで、①は百貨店という名前の由来にもなっており、要するに「何でも揃う」店ということなのですが、どちらかといえば、食料品や日用品といった、毎日の暮らしに必要でこまめに買うような商品（最寄り品）よりも、衣服や雑貨といった、いくつかのお店を回ってあれこれ比べながら買うような商品（買回り品）が中心です。一店当たりの取扱商品は、おおよそ四〇万～五〇万アイテムほどで、都心の大型百貨店になると数百万アイテムに上るともいわれます。第4章で取り上げる総合スーパーが三万～五万アイテム、第5章で取り上げるコンビニエンス・ストアが三〇〇〇アイテムほどですから、いかに多くの商品を扱っているかがわかるでしょう。

「小売業とは消費者にモノを売る産業である」と定義できます。そこから、小売業にはある一つの重要な制約条件が発生します。「消費者需要のあり方に規定された小規模分散性」という条件です。個々の消費者は、少しずつしかモノを買ってくれません。牛乳を一度に一〇〇リットルも二〇〇リットルも買う消費者はいないでしょう。そんな消費者が全国各地、津々浦々に散らばって住んでいますから、小売業者も規模が小さくなりがちで、全国に散らばって展開せざるを得ません。これが「小規模分散性」ということです。

ですから、小売業者が規模を拡大しようとすれば、こうした消費者需要のあり方に規定された小規模分散性を、どのように乗り越えるのかが必ず問題となります。要するに、たくさんの消費者にお店へ来てもらえればよいのですが、百貨店という小売業態は、衣食住にわたる豊富な品揃えを実現し、「ワンストップ・ショッピング」と呼ばれる利便性、つまり一つの店舗で買い物が済むという利便性を提供することによって、より多くの顧客を遠方からも吸い寄せることを可能にしました。ここに小売革新たるゆえんがあるのです。

といっても、それは簡単なことではありません。多種多様な商品をきちんと扱えるかどうかという商品管理の問題が生じるからです。百貨店はこの問題を商品部門別、つまり呉服なら呉服、洋服なら洋服、家具なら家具といった形で、商品分類ごとに経営組織を整備することで解決しました。百貨店は「デパート」とも言いますが、デパートという呼び名は、「部門別に管理された店」という意味の「デパートメント・ストア（department store）」から来ています。先に挙げた特徴の②は、このようなことを意味しています。

特徴の③については、何よりもまず接客の問題を挙げることができます。百貨店では、店員が顧客と対面し、商品の説明をしたり、買い物の相談に乗ったりしながら販売するという「対面販売」が行われます。スーパーのように、顧客が買い物カゴを持ち、自分で商品を入れてレジに持っていくという「セルフサービス」は行いません。百貨店は、顧客に応じたきめこまやかな接客に力を入れているのです。ほかにも、買い物品の無料配達や、「外商」という法人・得意客向けの訪問販売なども行っています。かつては屋上に顧客が無料で遊べる遊園地を設置していた百貨店も少なくなかったのですが、それも一種のサービスとして位置づけられるかもしれません。

三つの類型——大都市呉服系・電鉄系・地方百貨店

では、このような特徴を備えた百貨店は、いつ、どこで登場したのでしょうか？

この問いにきちんと答えることは実は難しく、専門家の間でいろいろな議論が交わされているのですが、一般的には、フランスの「ボン・マルシェ」（一八五二年）が世界で最初の百貨店であると考えられています。アメリカでは「メーシー」（一八五八年）、イギリスでは「ホワイトレー」（一八六三年）、ドイツでは「ヴェルトハイム」（一八七〇年）といった百貨店が先駆的なものです。欧米先進国においては、一九世紀の後半に百貨店という新たな小売業態が勃興したことがわかります。

それに対して、日本においては、三越がいわゆる「デパートメントストア宣言」を一般向けに発表し、日本で最初の百貨店化を宣言したのが一九〇五年のことでしたから、ボン・マルシェから数えたら五〇年余り、他の欧米諸国に比べても数十年のタイムラグがあったことになります。

その後、一九三六年の時点では、日本全国に一一七店舗もの百貨店が展開していました（平野隆「百貨店の地方進出と中小商店」）。図1－5には、一九三七年制定の（第一次）百貨店法に基づいて作られた「日本百貨店組合」創立時の組合加入店として、八〇店舗の立地が示されていますが、ここから百貨店の地理的な広がりを一望できるでしょう。「デパートメントストア宣言」からわずか三〇年余りで、これだけの広がりをみせていたのですから、百貨店がいかに急速な発展を遂げたかがうかがえます。

これらの百貨店は、担い手の性格を踏まえて、次の三つの類型に整理することができます。

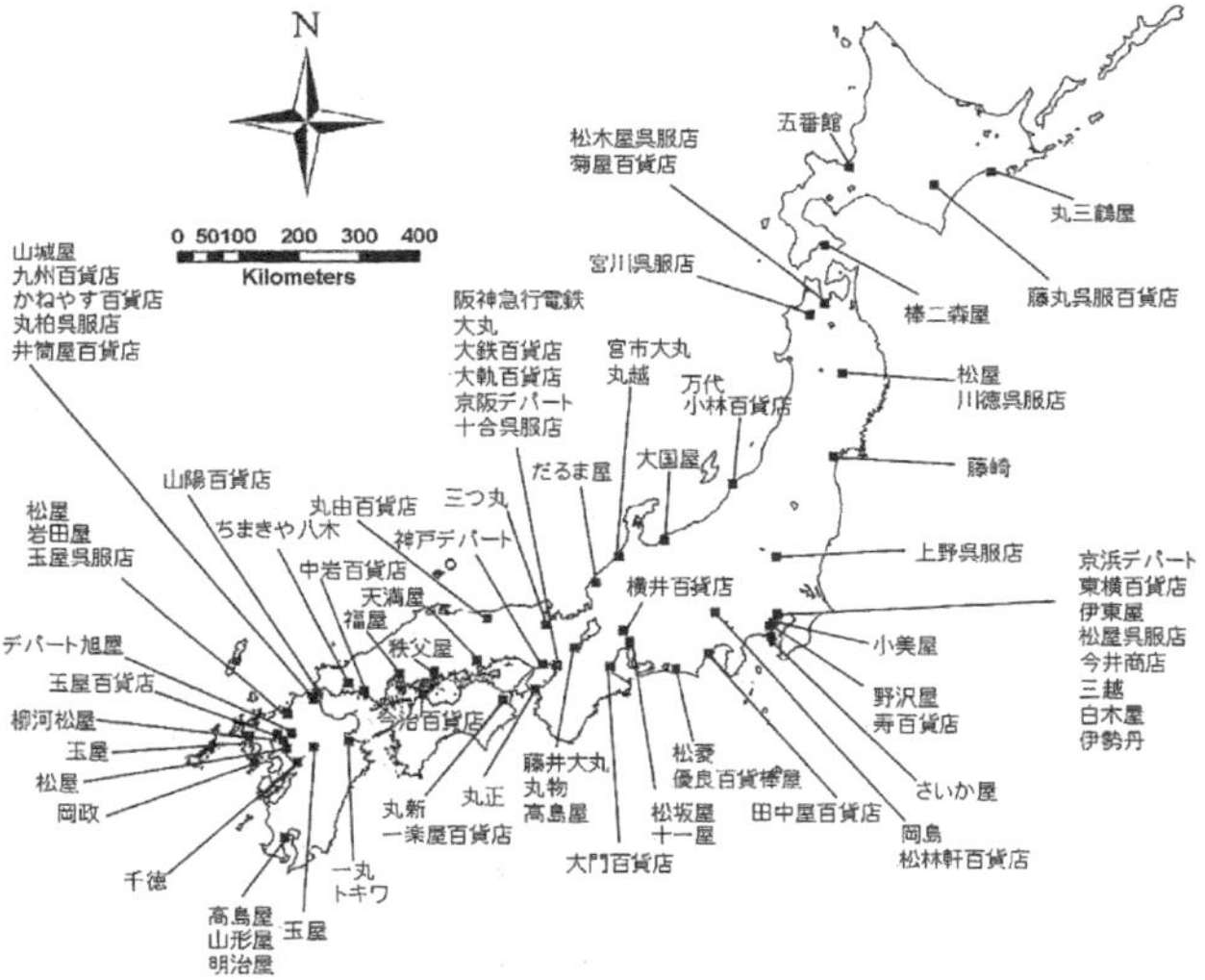

図１－５　日本百貨店組合創立時における組合店の立地状況（1937年12月）（末田智樹『日本百貨店業成立史』ミネルヴァ書房、2010年、305頁）

①大都市呉服系百貨店（三越、髙島屋、白木屋、松坂屋、松屋、大丸など）
②電鉄系百貨店（阪急、大鉄、大軌、京阪、京浜、東横など）
③地方百貨店（丸井今井、藤崎、天満屋、福屋、山陽百貨店、岩田屋、山形屋など）

①の大都市呉服系百貨店は、もともと江戸時代に江戸・大坂・京都といった大都市で呉服店を営んでいた店が、百貨店へと転換していったタイプを指します。

たとえば、三越のルーツは、三井高利《たかとし》が一六七三年に江戸で開業した

「越後屋」という呉服店にあります。一八六七年に江戸幕府が倒れて、「文明開化」の時代を迎えると、維新の混乱のなかで業績が悪化し、「これからは西洋化が進んで呉服なんて売れなくなる」と考えた三井家は、呉服販売業を家業から分離する決断をし、金融業を中心に据えて、三井財閥を築いていくことになります。

以後、越後屋は一八九三年に合名会社「三井呉服店」と改称されていったん三井家の経営に復した後、一九〇四年に株式会社「三越呉服店」となり、三井家の直接的な経営から離れて百貨店化をめざすこととなりました。いくつかの大都市呉服店が、三越の例にならって百貨店化を進めていくこととなります。

一方、類型②の電鉄系百貨店は、電鉄企業が設立した百貨店を指します。

その元祖は、阪急電鉄（阪神急行電鉄株式会社）が一九二九年に設立した阪急百貨店です。阪急百貨店は、阪急線の梅田駅に、沿線開発の一環として開設され、鉄道利用者の集客を利用して成功を収めました。以後、この事例が多くの私鉄会社に模倣され、百貨店業を兼業することが大手私鉄会社の経営モデルに組み込まれていきます。京阪電鉄による京阪デパート（一九三二年開店）、京浜電鉄による京浜デパート（一九三三年開店）、東横電鉄による東横百貨店（一九三四年開店）、大阪電気軌道による大軌百貨店（一九三六年開店）、大阪鉄道による大鉄百貨店（一九三七年開店）などが代表例です。

これらはいずれも終着駅（ターミナル駅）に立地することから、「ターミナル・デパート」とも呼ばれますが、電鉄系百貨店の成功を受けて、大都市呉服系百貨店や地方百貨店のなかにも、鉄道会社と提携して鉄道ターミナル駅に立地するものが登場しました。南海鉄道の難波駅にできた髙島屋南海店（一九三二年全館開店）は、そうした例の一つです。ターミナル・デパートという立地展開は、電鉄系百貨店以外にも広がり、欧米に見られない日本的な百貨店の立地パターンとして定着していきました。

そして、類型③の地方百貨店は、地方都市に地場資本として展開したタイプです。

そのなかには、江戸時代に創業した呉服屋・小間物屋などが百貨店へ転換していったものと、地元資本家らの共同出資などの形で新たに百貨店として設立されたものという、大きく二つの系譜があります。いずれも地域密着型の経営を志向し、日本の百貨店を地方色豊かなものにしてきました。

先の類型①を「大都市呉服系百貨店」と呼ぶのは、地方百貨店のなかにも出自から見れば呉服系の店が少なくないためですが、類型①と③との違いは知名度の違いに表れています。先の図1－5をみても、すでにその名をとどめていない店が少なくないとはいえ、その土地になじみがなければ聞いたことのない名前が多いのではないでしょうか。

これら三つの類型に沿って、おおまかに百貨店の歴史を概観すると、一九〇〇～一〇年代には、大都市呉服系百貨店を中心として、日本に百貨店が成立することとなり、一九二〇〜三〇年代になると、大都市呉服系百貨店が顧客層を広げて拡大する一方で、電鉄系百貨店が誕生して広がりをみせるとともに、地方都市ではそれぞれ地方百貨店が次々と設立される動きが進んでいくこととなりました。こうして百貨店が急速な発展をみせていくなかで、一九三七年に(第一次)百貨店法が制定されるに至ったわけです。

以上の流れをおさえたうえで、三越の動きを中心に、大都市呉服店の百貨店化という問題から詳しく見ていくことにしましょう。

呉服店の近代化と百貨店化

三越では、「三井呉服店」時代の一八九〇年代半ばから、アメリカの百貨店などを念頭におきつつ、呉服店の近代化をめざす改革に取り組むこととなりました。

改革の内容は、洋式簿記の導入、経理部門の整備、学卒者の採用、店員の住み込みと奉公人制度の廃止、販売方法の変革といった領域に及ぶもので、百貨店化に先立つ小売業の近代化というべき内容のものでした。なかでも、販売方法の変革として、陳列販売方式の導入に踏み切ったことは、重要な小売革新であったと評価できます。

図1-6をご覧下さい。これは、一八九六年における三井呉服店本店の様子を描いたも

図１－６　三井呉服店陳列場の図（1896 年）（『広告は語る　アド・ミュージアム東京収蔵作品集』吉田秀雄記念事業財団、2005 年、64 頁）

のです。図の中段は、陳列販売を導入した二階部分を、図の下段は、江戸時代以来の「座《ざ》売《う》り」という販売方法がとられていた一階部分を描いています。東京本店では、一八九五年に二階部分すべてを陳列場へ改装しており、この図１－６は当時の用語で「引札《ひきふだ》」、今で言うチラシとして配られたもので、図の上段には、「陳列場には呉服すべてを揃えてひと目にご覧に入れますので、お買い物の有無にかかわらずご見物下さい」ということが書かれています。なぜ、このようなチラシが配られたのでしょうか。

まずは座売りという方法から説明していきましょう。図１－６下段に描かれているように、座売りとは文字通り、店員が顧客に正対して座りながら売るスタイルのことです。このとき、あらかじめ商品を並べておくのではなく、店員が顧客の要望を聞きながらその要望にかなう商品を選び、それを「小僧」と呼ばれる見習いの店員に、奥の倉庫（蔵）から持ってこさせる形をとります。図のなかにも、商品を運んできた小僧の姿が描かれていますが、その際に、商品をいかに少なく出して売約を取り付けられるかが、販売店員としての腕の見せ所とされていました。

こうした座売りのもとでは、顧客が店の取扱商品の全貌を知る術《すべ》はなく、自分で自由に商品を選ぶこともできず、そもそも何かを買うつもりがなければ、冷やかしだとされて店内に入ることすらためらわれる状況にありました。

それに対して、陳列販売であれば、あらかじめ商品が陳列されており、顧客はそれらを自由に手にとって選ぶことができます。今となっては当たり前の販売方法ですが、当時としては新しいスタイルでした。商品を手にとりながら買い物を楽しむ女性の姿を描き、「お買い物の有無にかかわらずご見物下さい」とわざわざ書いた図1－6がチラシとして配られたのは、陳列販売の導入がこのような画期性を持っていたからなのです。

目的もなく店に入って商品を見てまわったり、その場で思わず衝動買いしてしまったりしながら、ブラブラと街を歩いてショッピングを楽しむ。そんな今ではごくありふれた消費文化が定着していくのは、陳列販売という販売方法が広まってからのことだと言えるでしょう。東京本店では、一九〇〇年に店内すべてが陳列場へ改装されて座売りが全廃されることとなり、「デパートメントストア宣言」（一九〇五年）よりも前に、座売りから陳列販売への転換を完了していました。

現金正札販売の導入

実は、三越では、陳列販売の導入に並ぶもう一つの小売革新を、「デパートメントストア宣言」に先立つこと実に二三〇年余り前、越後屋の創業時（一六七三年）に遂げていました。「現銀掛け値《げんぎんかけね》なし」、すなわち現金による正札《しょうふだ》販売の導入という小売革新です。

「正札」とは、誰にでもその価格で売るという値段を書いた値札のことで、正札販売とは、誰にでも同じ値段で売るという意味の定価販売のことです。欧米では、百貨店の成立に伴って導入されることが多いのですが、日本では、それが百貨店の成立よりもはるか前に定着していたのです。ルーツをさかのぼることができるなかで、越後屋の事例は、世界初の正札販売だとも言われています。

当時、呉服店のような店では、顧客が買った商品の代金を盆と暮れにまとめて支払う掛売りという販売方法がとられており、販売に際しては、同じ商品でも一見《いちげん》の客には高く売りつけるというように、顧客によって値段が違うことも当たり前でした。「現銀」とは、掛売りでなく現金販売を行うということ、「掛け値なし」とは、商品の値段をつり上げて売ることはせず、正札をつけて誰にでも同じ値段で売る定価販売を行うということを指しています。

現金正札販売も、やはり今では当たり前の販売方法ですが、商業史上は画期的な小売革新であったと評価できます。

掛売りでは、金利の負担や踏み倒しのリスクがあるため、現金販売に比べて価格を高くせざるを得ず、商人にとっては資金の回転も悪くなってしまいます。相手がきちんと代金を支払ってくれる客かどうかを見極める必要もあります。一方、「掛け値」では、一見の客ほど高く売りつけられる恐れがあるので、顧客の側からみれば、なじみの店以外で買い物しにくく、店側からみれば、新規の顧客を獲得しにくくなってしまう面があります。あるいは、どのくらいの値段をつければ買ってくれるかを、相手によって、取引のたびに判断する必要もあります。

いずれも、商店と顧客とが固定的な顔なじみの関係にある限りにおいては、うまくいくのですが、江戸は一八世紀初めに人口一〇〇万人を超えたとされる当時世界最大の巨大都市です。現金正札販売を導入すれば、不特定多数の人びとが安心して買える店となって、新たなビジネスチャンスが一挙に広がるわけです。

店側にとっては、価格を安くすることで、一つ一つの商品にかかる利幅は小さくなりますが、その分たくさん売れれば、全体として大きな利益を挙げることができます。これを「薄利多売《はくりたばい》」と言いますが、越後屋は、巨大都市の特性に対応した小売革新により、薄利多売を実現して急成長を遂げていったのです。この商法は他の呉服店にも模倣され、一八世紀の江戸に、数百人規模の店員を抱える巨大な小売店舗をいくつも生み出すこととなりました。これらは「大店《おおだな》」と呼ばれ、同時期には、世界的にみても最大規模の小売店舗だったと考えられています。

このように、現金正札販売の導入という小売革新は江戸時代に完了していたので、一八

年次(年)	新たな取扱商品
1888	「三越洋服店」開業(本店西側に洋館新築、1895年閉鎖)
1902	小物売場(半襟、帯揚、袋物、ショールなど)
1905	化粧品、帽子、小児用服飾品(輸入)
1906	洋服部(再開)、子供用服飾品
1907	カバン、履物、洋傘、頭飾品、写真部、靴部、新美術部
1908	子供部
1909	図案部、すだれ、岐阜提灯、筆、墨、硯
1910	五月人形、家具加工部
1912	西洋食器
1913	写真器械・付属品、三越ミツワ石鹼
1914	食料品部、茶部、鰹節部、花部(本店新館)
1916	三越の靴
1917	三越オーデコロン
1918	三越バター、三越冷蔵庫(氷冷式)

(出所)『株式会社三越85年の記録』三越、1990年より作成。

表1-1　三越の取扱商品の拡大

九〇年代半ばの販売革新は、陳列販売の導入を焦点とするものになりました。陳列販売は、目的もなく店に入って商品を見てまわることを可能にしたという意味で、不特定多数の人びとを顧客としていっそう呼び込みやすくするものであったと言えましょう。

洋風建築と広告のイメージ

ところで、呉服店の百貨店化はどのように進んでいったのでしょうか。

表1－1をご覧下さい。この表は、三越の取扱商品がどのように拡大していったのかを示したものです。「デパートメントストア宣言」が一九〇五年ですから、その前から洋服や服飾小物の取り扱いが始まって

いたものの、本格的に呉服以外の商品へ広げていったのは、「宣言」以降のことであることが読み取れます。同時に、「宣言」によって、ただちに衣食住揃えたわけではない点に注目しておきましょう。「デパートメントストア宣言」は、百貨店の完成を宣言したものではなく、これから百貨店化を進めていくという目標をアピールする「宣伝」だったのです。

こうした品揃えの拡大は、当然、商品を陳列するためのスペースを必要とします。つまり店舗の拡張が必要になるわけですが、実際には、単なる拡張にとどまらない変化を伴っていました。次頁の図1－7と図1－8を見比べてみて下さい。

図1－7は、一八八〇年代後半、三越が文字通り呉服店だった頃の店舗です。土蔵造り二階建ての建物で、紺地に白抜きの長暖簾《ながのれん》が掛けられており、江戸時代の大店《おおだな》の趣きを残しています。

それに対して、図1－8は一九一四年に完成した三越本店の新館です。こちらは「ルネサンス式」と呼ばれる洋風建築の鉄筋コンクリート造りで、地上五階・地下一階、延床面積は一万三二一〇平方メートルに上り、店内には日本初のエスカレーターをはじめ、エレベーター、スプリンクラー、暖房換気といった最新設備が施されていました。

一見して全く別の店になったことが明瞭でしょう。壮麗な洋風の店舗建築は、百貨店という小売業態が、欧米で発展した新しい小売店のあり方だということを見せつけるかのようです。同時に、この洋風建築からは高級感が印象づけられ、「安売りの店」というイメージは湧いてこないのではないでしょうか。

実際に、成立期の百貨店は、安売りをアピールするよりも、自らを流行の中心とするべく、さまざまな取り組みを行い、富裕層をメインターゲットとして、流行の創出と伝播に

図１－７　越後屋の店舗全景（1880年代後半）
（『株式会社三越100年の記録』三越、2005年、38頁）

図１－８　三越本店の新館（1914年完成）（同、84頁）

注力することで多くの顧客を集めることに成功しました。本章の冒頭で紹介した「元禄ブーム」の成功は、そうした取り組みを本格化させる契機となったものです。

また、広告宣伝活動においても、図に示したポスター（次頁の図1－9、図1－10）や「メッセンジャーボーイ」（図1－11）、「三越少年音楽隊」（図1－12）といった例から見て取れるように、西洋風のイメージを交えつつ、高級で洗練された店という印象を与えるものが中心となっていました。

欧米の百貨店が、多かれ少なかれ、安売りを行うディスカウンターとしての性格を帯びていたことに比べると、そうした性格が特に希薄であったことは、日本の百貨店がその成立期に持っていた大きな特徴でした。

一九〇〇～一〇年代には、髙島屋、白木屋、松坂屋、松屋、大丸などの大都市呉服店が、それぞれに欧米の百貨店を視察し、あるいは三越を参考にしながら、こうした特徴を共有する形で百貨店化を推し進めていきました。

土足入店の始まり

一九一四年に勃発した第一次世界大戦は、「大戦ブーム」と呼ばれる空前の好景気をもたらし、日本経済を新たな発展の局面に導くきっかけとなりました。大戦中（一九一四～一

（左）図1－9、（右）図1－10　三越のポスター（1914年、1915年、杉浦非水画）（ともに『広告は語る　アド・ミュージアム東京収蔵作品集』46頁）

図1－11　三越のメッセンジャーボーイ（1909年結成）。英国風制服を着用した少年が、自転車に乗って買い物品を顧客宅に届けた。欧米の百貨店で行われていたサービスを導入したもの（『株式会社三越100年の記録』38頁）

図1－12　三越少年音楽隊（1909年結成）。顧客誘引や店内のムード作りを目的として、一般から募った希望者をもとに編成された（『株式会社三越 100年の記録』72頁）

八年）には、急激な物価上昇に賃金の上昇が追いつかず、給料を得て生活するサラリーマンや労働者が「生活難」に陥りましたが、大戦後から一九二〇年代にかけて実質賃金が大きく上昇し、格差を伴いながらも所得水準は総じて高まっていきました。そうしたなかで、富裕層を対象としてきた百貨店は、新たにサラリーマンや労働者にまで顧客層を広げる動きをみせていきます。

三越では、一九一九年一〇月一〜二日に大阪支店が「さかえ日」、同年一一月三〜五日に東京本店が「木綿デー」と称して、それぞれ実用呉服や木綿製品、日用雑貨、食料品といった大衆向け実用品の安売りを行いました。これらはいずれも大盛況で、「さかえ日」は四日間の会期予定を二日で打ち切り、「木綿デー」には連日数万人の客が押しかけて騎馬巡査が出動するほどの騒ぎになったといいます。

一九二二年には、実用品の廉売コーナーとして「三越マーケット」を店内に開設、一九二三年九月一日の関東大震災の後には、小石川・青山・新宿・銀座・本郷・牛込・浅草・

上野に相次いで「三越マーケット」の名で店舗を開設し、被害のなかった大阪支店から物資を調達して生活必需品や実用品を販売しました。これらは翌年に「分店」と改称され、新宿は一九二九年、銀座は一九三〇年にそれぞれ支店へと昇格しています。関東大震災は、百貨店が本格的に顧客層を広げていく大きな契機となりました。

一九二八年の「人は百貨店にどうして吸ひ込まれるか」という見出しの新聞記事には、今の百貨店は「大衆に開放され」「赤ん坊を背負つたワイフ、ボーナス気分のサラリーマン一家族、休日の労働者と云つた人々でごつた返してゐます」と書かれています（『大阪時事新報』一九二八年一一月二一日付）。サラリーマンや労働者を対象とした「大衆化」は、一時的な特売日や、震災という突発的な出来事を超えて、着実に進展していったのです。

さて、こうした百貨店の「大衆化」に関連して、店内の風景に大きな二つの変化が生じました。「下足《げそく》預かり」の廃止と、「デパートガール」（女性店員）の登場という変化です。

それまでの百貨店は、顧客が入店する際に、履いてきた履き物、つまり「下足」を入り口で預けて室内履き用の草履に履き替えるか、履き物にカバーをするか、いずれにしても土足のまま入店できない決まりになっていました。道路事情が悪く、土足のままでは店内の商品が汚れてしまうというのがその主な理由でした。これが「下足預かり」です。

ところが、「大衆化」に伴って来客数が飛躍的に増加すると、人員の面で対応が困難となり、受け渡しの行列や取り違えといった問題が深刻になっていきました。一九二〇年代半ばの三越大阪支店では、平日の来客数が一万五〇〇〇～一万六〇〇〇人、休日にはこれが三万人へと倍増するところへ、四〇～五〇人規模の下足係で対応していたそうですから、なかなか想像を絶する状況にあったと言えましょう（谷内正往『戦前大阪の鉄道とデパート』）。

結局、三越では一九二五年に下足預かりを廃止し、土足入場を認めることとしました。他の百貨店も、三越の動きに前後する形で、一九二〇年代半ばには同様の措置をとっています。顧客の側、特にそれまで百貨店に縁のなかったサラリーマンや労働者からすれば、入り口で店員に履き物をチェックされているかのような感覚を抱いたでしょうから、下足預かりの廃止によって、入店への心理的な抵抗が小さくなり、百貨店に入りやすくなったことでしょう。これが「大衆化」にさらなる拍車をかけることとなりました。

「デパートガール」

一方、百貨店にデパートガール（女性店員）が増えていったのも、一九二〇年代以降のことです。

次頁の表1－2には、三越における女性店員の数と、総店員数に占める女性の割合につ

	女性店員（人）	総数（人）	女性比（%）
1912 年			
本店	82	1,019	8.0
大阪支店	16	201	8.0
合計	98	1,220	8.0
1931 年			
本店	813	3,001	27.1
大阪支店	388	1,499	25.9
新宿支店	401	850	47.2
銀座支店	254	560	45.4
神戸支店	121	441	27.4
高松支店	120	250	48.0
金沢支店	123	260	47.3
京城支店	150	300	50.0
大連支店	50	102	49.0
合計	2,420	7,263	33.3

（出所）1912 年は、「職員名簿」（1912 年 2 月 20 日現在、三井文庫所蔵）より計上。1931 年は、『職業の解説及適性　第 5 輯　百貨店員・銀行員』（東京地方職業紹介事務局、1931 年、4-5 頁）による。

表１－２　三越における女性店員数

いて、一九一二年と一九三一年のデータを示してあります。まずは三越がこの間に支店の数を増やしながら、多くの店員を抱えるようになったことが注目されるところでしょう。そして、女性店員の比率は、総数で見ると八％から三三％へと急増しています。支店別にみれば、本店、大阪、神戸の三店舗以外の店舗では、いずれも一九三一年にはおよそ半数が女性店員という状況にありました。

この時期の百貨店女性店員は、高等小学校や高等女学校の卒業者が採用され、販売店員として数年間勤務した後、結婚を機に退職するというパターンが一般的なものでした。高等小学校とは、尋常小学校を一二歳で卒業してから二年間通う学校で、標準的な修了時の年齢は一四歳、高等女学校とは、同じく尋常小学校を卒業してから五年間通う学校で、修了時の年齢は一七歳となります。女性の平均初婚年齢が二三歳くらいという時代だったので、百貨店の女性店員は、一〇代後半から二〇代初めの未婚女性が多くを占めていたことになります。

一九二〇〜三〇年代には、都市化と工業化の進展がはっきりと認められますが、それでもまだ有業者全体のおよそ半数が農業に従事していました。そのため、この年齢層の女性全体から見れば、尋常小学校を卒業して（あるいは在学中に引き続いて）家業の農業を手伝うか、家事や育児を手伝うか、いずれにしても農家世帯のなかで重要な労働力になっている例が大多数に上っていました。都市の商工業においても、家族経営による自営業が大きな部分を占めていたため、農家女性と似たような境遇のもとにあった女性が少なくなかったと考えられます。

あるいは、未婚の若年女性が自分の生家から出て働くという場合には、繊維工場の工場労働者となるか、中上層の家庭で家事使用人として数年間の住み込み生活を送るか、という二つの選択肢が典型的なものでした。前者は生家の家計を助けるため、後者は行儀見習いや花嫁修業を主な目的として、ともに人手が余った農家世帯の若年女性が就くことの多い職業でした。

他方、農村であれ、都市であれ、経済的に余裕のある階層においては、尋常小学校から高等小学校や高等女学校に進学した後、生家にとどまって花嫁修業をしながら過ごす女性が少なくありませんでした。女子の進学率は、第一次世界大戦以降に目立った上昇をみせ、一九三〇年頃には、高等小学校でおよそ五割、高等女学校で一五％前後という状況です。百貨店の女性店員は、都市部で厚みを増したそのような階層のなかから輩出されるようになったと考えられます。

実際のところ、百貨店女性店員の採用者には、サラリーマン家庭の子女が多く、入店の動機も、経済的な困窮や自活のためというよりは、社会勉強や花嫁修業のためというものが中心でした。富裕層の間では、女性が働くこと自体を蔑視する見方が根強かったので、富裕層ではないけれども経済的に困窮もしていない階層として理解しておけばよいと思います。そのような階層の女性のなかでは、華やかな「あこがれの職業」として人気を集めていました。若い女性にとっては、身近なファッション・リーダーとして捉える感覚もあったのでしょう。

ただし、男性店員に比べて給料は低く、たとえば高等小学校卒業という同じ学歴でも、初任給は、男性の日給が九〇銭であるのに対して、女性の場合は八〇銭とされていました

(『職業の解説及び適性　第五輯　百貨店員・銀行員』東京地方職業紹介事務局、一九三一年)。今の価値に直せば、男性が四五〇〇円、女性が四〇〇〇円といったところでしょうか。経営側からみると、男性よりも低い賃金で雇えるということを意味します。しかも、女性店員は数年間で退職してしまいますから、長く勤める男性に比べて昇給の機会が少ないという点からも、人件費の負担を小さくする面を持っていました。

当時の三越の人事課長などは、「店員になると、化粧品の選択や衣服の好み、流行の変遷などがわかってくるので、いわゆる『女振り』がぐっと引き立ち、せっかく一人前の店員に育てても、すぐにお嫁へ行ってしまう」などと新聞へこぼしていますが(『読売新聞』一九二六年一月二七日付)、実用品の廉売を伴う百貨店の「大衆化」は、そうした女性の社会的な位置づけを背景とした人件費負担の軽減によって支えられていたと見てよいでしょう。

店員の養成

現在の感覚からすると、むしろ一九一二年のデータのように、百貨店がほとんど男性店員の世界だったことの方が意外かもしれません。女性店員の方が人件費の負担が小さいのであれば、なぜ最初から女性店員を増やさなかったのでしょうか？　あるいは増やせない事情が何かあったのでしょうか？　もちろん、そもそも女性の社会進出が進んでいなかったという一般的な時代背景もありますが、百貨店に固有の問題も大きく関わっていました。販売店員に求める技能の問題です。

何度か述べているように、三越をはじめとする大都市呉服系百貨店は、その名の通り、もともと呉服店でした。そして、呉服というのは、素材や織り方、色合い、柄、模様などの違いから、実に種類が多様であり、商材として扱うには、多くの知識と経験を求められるものです。そのため、呉服店では、年少の男子を住み込みで入店させ、いろいろな雑用を与えて見習いとして修練を積ませながら、何年もかけて一人前の店員に育てていく必要があると考えられていました。

そうした店員の養成は、江戸時代においては奉公人制度という形で、それぞれの店で行われていました。奉公人は、一〇代の前半で「丁稚《でっち》」や「小僧」と呼ばれる見習いの形で入店し、数年後に元服して「手代《てだい》」へと昇進、さらに勤続するなかで認められると平《ひら》の手代から役付の手代へと昇進、さらに勤め上げれば、元手金をもらって「別家《べっけ》」として独立することが可能になります。

幕末期の越後屋で言えば（西坂靖『三井越後屋奉公人の研究』）、一二歳前後で入店し、丁稚の間はわずかな小遣いのみの無給で雑用に従事、一七歳で手代となってようやく給料を得る一人前の店員となり、役付の手代になるのが二五歳前後、別家にまで昇進するのは四〇歳頃というのが標準的なイメージです。この間、別家となるまでは店に住み込みで、妻帯、つまり結婚も許されませんでした。

少し勉強したことのある方なら、こうした江戸時代における商家経営のあり方を、現代の終身雇用制を中心とした「日本的経営」の源流とする議論に接したことがあるかもしれません。しかし、「入社した人が各々定年までその会社に勤め続ける」という現代のイメージをそこに投影するとしたら、それは誤りです。奉公人の目標は、入店した店で働き続けることではなく、修練を積んだ後に独立して自分の店を構えることにあったからです。

別家まで勤め上げてから独立することは一つの理想でしたが、現実には、厳しい昇進レースを勝ち抜いて別家となれる者は数パーセントに過ぎず、先に挙げた幕末期の越後屋で言えば、入店者のうちの四割は手代となるまでに店を辞め、勤続一五年を迎えて役付の手代となる頃には、もともとの入店者の二割程度しか残っていないという世界でした。退店の理由はさまざまですが、別家になる前に辞めていった者も、奉公人として得た経験や技術をもとに、何らかの形で自らの店を構えた例が少なくなかったと考えられています。

江戸時代が終わり、明治時代(一八六八～一九一二年)に入ると、制度上はいくつかの変化がみられましたが、店員養成の基本的なあり方に変化はありませんでした。

すでに簡単に触れた通り、三越では、「三井呉服店」時代の一八九〇年代半ばに、学卒者の採用や、店員の住み込みと奉公人制度の廃止という内容を含んだ改革が行われています。「学卒者の採用」というのは、高等教育の修了者を専門経営者として雇い入れることにしたという意味で、現場で実務にあたる大部分の店員については、小学校を卒業した一〇代前半の男子を見習いとして入店させる形が続きました。ただし、店員の住み込みは廃止して通勤とし、見習いの子ども店員にも給料を支払う形に改めています。

つまり、「奉公人制度の廃止」といっても、見習い店員の無給を有給に改めたという意味にとどまるのであって、年少の男子を自店で一人前の店員に育てていくという基本的な養成のあり方に大きな変化はありませんでした。そうした状況は、「デパートメントストア宣言」(一九〇五年)後も続いていきます。百貨店化を進めて多様な商品を扱うようになったといっても、まだまだ売り上げの多くを呉服が占めていたからです。

座売りから陳列販売へという販売方法の変化も、ただちに店員養成のあり方を変えるものではありませんでした。座売りであれば、販売店員が顧客の要望に見合う商品を瞬時に判断できなければならず、店員にはもちろん専門的知識が不可欠です。その点、陳列販売であれば、顧客が自ら商品を手にとりながら選ぶ形になるので、座売りに比べれば、店員に求められる役割は小さくなると想定されます。しかし、陳列販売を導入した後でも、セルフサービスではなく対面販売という形をとっていたので、呉服を扱う販売店員には、引き続き高度な専門性が要求されると考えられていたのでしょう。

逆に言えば、呉服以外の商品なら、そこまで高度な知識がなくても対応できるという考えに至ってもおかしくはありません。実際に、三越本店について、売場別に女性店員の比率をみると（江口潔「戦前期の百貨店における技能観の変容過程」）、一九一八年においては、呉服売場が一六％であるのに対し、雑貨売場が三〇％となっており、呉服売場についても、比較的扱いやすい木綿類や既製品の売場に女性が多く配属されています。つまり、呉服以外への品揃えの拡大が、数年間しか勤務しない女性店員でも、十分に対応可能な商材を増やしていったわけです。その意味で、実用品の品揃えを拡充していく「大衆化」の流れは、百貨店に女性店員が活躍しやすい売場を広げていくものであったと捉えられます。

ただし、実際には、まもなく呉服売場にも女性店員の進出が目立つようになっていきます。先に挙げた三越本店の例で言えば、女性店員の比率は、一九二八年に呉服売場二七％、雑貨売場二五％、一九三八年に呉服売場五三％、雑貨売場六〇％となっており、両者の差がほとんどみられなくなったばかりか、呉服売場のなかでも、一九一八年には女性店員が皆無だった着尺《きじゃく》や帯地《おびじ》の売場にも、全体の比率と同じくらいの女性が配属されるようになっていました。

こうした変化は、販売店員に求められる技能そのものが、質的に変わっていった結果であると考えられています。すなわち、女性店員は、まずは専門的知識がそれほど求められない雑貨売場へ配属されましたが、やがてそこでの丁寧な接客が評価されるようになった結果、販売店員には、愛嬌、気配り、言葉遣いといった資質が必要だとする新しい見方が広がっていきました。この新しい見方には、そうした資質が女性特有の長所であるという解釈が付随していたために、呉服を含むさまざまな売場に女性の進出がみられるようになったのです。

興味深いことに、そうした資質は、花嫁修業のために入店する女性が、まさに磨きたいと考えるものに他なりませんでした。そのことが百貨店経営における人件費負担の軽減につながって、実用品の廉売を行う「大衆化」を支えていたのです。

さらに、女性店員を輩出したサラリーマン家庭は、百貨店が「大衆化」するなかで、新たな顧客のターゲットとされた階層でもあります。実際に、結婚して退社した彼女たちには、定期的にダイレクトメールが送られるなど、店の得意客となるような働きかけが行われていました。「デパートガール」の登場は、サラリーマン家庭に新しい消費と労働の機会を広げていく百貨店の象徴とも言える出来事でした。

地方での出張販売

ところで、大都市の百貨店が、地方進出の動きを加速させていったのも、一九二〇年代以降のことでした。大都市内部での百貨店間競争が激しくなる一方で、人口増加によって地方の消費市場が拡大していったためです。この時期の地方進出は、支店設置と出張販売という二つの方法が主として用いられていました。順にみていきましょう。

三越では、一九一〇年代までに、販売用の店舗として、東京日本橋に本店、大阪に支店を構え、京城（日本植民地統治下のソウルの呼称）と大連にそれぞれ出張所を置いていましたが、一九二八年に神戸、三〇年に金沢、三一年に高松、三二年に札幌、三三年に仙台へそれぞれ支店を開設しました。一九二九年には、京城および大連の出張所と、新宿の分店が支店へ昇格、一九三〇年には銀座の分店が支店となって、一九三三年の時点で、計一一店舗を抱えるに至っていました。

その他、大手百貨店のなかでは、名古屋に本店を構える松坂屋が、大阪、銀座、上野に続いて、一九三二年に初めての地方支店を静岡に開店、髙島屋が、一九二九年に岸和田、三一年に和歌山へそれぞれ出張店という小規模な店舗を開店しています。

一方、出張販売というのは、百貨店が地方都市を巡回しながら販売活動を行うもので、その地方の劇場・旅館・公会堂などを会場として、一ヵ所につき数日～一〇日間程度開催

	都市人口規模別					計
	10万人以上	5万～10万人	2万～5万人	1万～2万人	8000～1万人	
1912年以前	4	8	1	5	2	20
1913～17年	2	4	2	4	3	15
1918～22年	3	2	3	11	5	24
1923～27年	3	8	25	19	9	64
1928～32年8月	2	5	19	32	9	67
計	14	27	50	71	28	190

（出所）平野隆「百貨店の地方進出と中小商店」山本武利・西沢保編『百貨店の文化史』世界思想社、1999年、89頁より作成。
（原史料）堀新一『百貨店問題の研究』有斐閣、1937年、159頁。
（注）1930年国勢調査における人口8000人以上の都市が対象。

表1－3　百貨店が初めて出張販売に訪れた都市の数

する形をとりました。時期としては、五月から六月に夏物の売り出し、一〇月から一一月に冬物の売り出しを行い、一二月には年末の大売り出しを行うというパターンが一般的です。出張販売自体は、明治期から各百貨店で行われていましたが、一九二〇年代以降、「大衆化」に沿って販売品目が広がるとともに、出張販売の回数や規模が拡大していきます。

表1－3は、同時代の研究者が行った調査結果を整理したものです。この調査は、一九三〇年における人口八〇〇〇人以上の都市を対象に、行政当局や商工会議所へ調査用紙を配付する形で行われました。四一五都市について回答があり（植民地を除く）、うち一三七都市では、百貨店の出張販売が行われていなかったとのことですが、残りのうち、初めて出張販売が行われた時期が判明するものを、時期別・都市規模別に整理したものがこの表です。

これによれば、判明する一九〇都市のうち、一九二三年から二七年までに初めて出張販売が行われた都市が六四、一九二八年から三二年八月までが六七となっており、やはり一九二〇年代以降の広がりがうかがえます。都市規模別に見れば、こうした広がりは、人口一万～二万人および二万～五万人レベルの都市への進出によって、もたらされたことも読み取れるでしょう。

大都市百貨店の地方進出は、支店が設置されるような地方の中核的都市以外にも及ぶようになっていました。しかも、多くの都市において、わずか数日間の出張販売一回で、地元小売商一店舗当たりの平均的な年間売上高を上回ったといいますから、その影響力は大変に大きいものでした。

対抗する地元小売商

では、こうした大都市百貨店による地方進出の動きに対して、地元小売商はどのような対応をみせたのでしょうか。

一つには、自分たちで百貨店を作ろうとする動きが起こります。たとえば、仙台の有力な呉服店であった藤崎は、一九三〇年に三越の仙台進出が新聞で報じられたことを機に百貨店化の動きを進め、一九三二年に百貨店として開業しました。また、下関の山陽百貨店は、出張販売へ対抗するために設立され、一九三二年から営業を開始しました。これらの事例は、地方百貨店が勃興する背景の一つに、大都市百貨店による地方進出への対抗という面があったことを物語っています。

もう一つの対応は、地元小売商が百貨店を見習って経営改善を行うという方向です。正札販売や陳列販売を導入すること、店頭装飾や広告宣伝に力を入れること、共同売出しなど組織的な活動を行うこと、などの具体策が見られました。もちろん地域差はありましたが、このように百貨店の進出に刺激を受ける形で、地方の中小小売店にまで販売革新の動きが広がっていった事実は、本書の問題関心からも注目されるところでしょう。

他方で、これらの経営的な対応以外にも、地元小売商は、さまざまな形で百貨店の進出に対抗・反対する運動を展開していきました。

先に挙げた出張販売に関する調査は、小売商による対抗・反対運動の状況についてもアンケートをとっています。回答があった二六四都市のうち、「傍観せるもの」は六八都市のみで、「反対せるもの」が一九六都市と圧倒的多数に上っています。

具体的な対抗・反対の形態としては、「同時大売出し」が一二八都市、「特価販売」が一一九都市、「路傍売出し」が七〇都市で、これらはいずれも商売上の対抗という形ですが、会場を百貨店に貸さないよう働きかける「会場拒絶」が七五都市、規制を求めて「当局へ陳情」が五三都市、「百貨店と交渉」が一〇都市、百貨店を中傷する「悪宣伝」が一二都市、「直接妨害をとれるもの」が九都市といったように、政治的圧力や実力行使に訴える形も見られました（堀新一『百貨店問題の研究』）。

そうしたなかで、注目すべきは、百貨店の地方進出に対して、小売商の側が「愛市」や「愛郷」という理念を掲げて地元の人びとの理解を得ようとしていた点です。たしかに百貨店の進出は、小売革新の成果を享受できるという意味で「消費者の利益」にかなうかもしれない、しかし、地元を愛する地域コミュニティの一員ならば、地元の店で買い物をしましょう、という理屈です。

たとえば、奈良市では、百貨店による出張販売で疲弊する小売商が、「市の繁栄はあなたのお買物から」「お互いに愛しましょう市内の店を」「お買物は市内の店でどうぞ」といった愛市観念標語を掲げています。また、松坂屋の静岡支店設置に対しては、地元の小売商が「静岡愛市血盟団」という名の組織を結成して反対運動を展開しています（以上、『日本小売業運動史　戦前編』）。あるいは、和歌山県田辺町では地域の青年会が、福井県敦賀町では地域の婦人会が、それぞれ「愛郷運動」という名前で、出張販売の利用を自粛するよう呼びかけていました（『百貨店問題の研究』）。

ここで再び出張販売に関する調査に目を向けると、出張販売に対する市民・町民の態度を尋ねた項目では、回答のあった二六六都市のうち、「歓迎」が八四、「嫌悪」が一六、「無関心」が一六六という結果が出ています（同前）。先に述べたように、この調査は、行政当局や商工会議所が答えたものなので、市民・町民の生の声というわけではなく、また、調査結果をどう解釈するのか、特に「無関心」の多さをどう説明するのかなど、検討の余地が残るものです。それにしても、現在の感覚からすると、「歓迎」が割合で言うと三分の一にも満たず、思いのほか少ないという印象を抱くのではないでしょうか。

このような市民・町民の態度を踏まえると、小売商が掲げた「愛市」「愛郷」という理念が、それなりに受けとめられていたのではないか、という想定を置くことも、的外れではないように思えてきます。だからこそ、小売商の側でも、「愛市」「愛郷」という理念を掲げる動きが広がったのでしょう。そこで語られる「市の繁栄」はたしかに漠然としたものですが、しかし、地域コミュニティを支える小売商の自負がにじみ出た表現として理解できます。

以上に見た地方におけるさまざまな対抗・反対の運動は、大都市の百貨店に対する反対運動と合流することで、反百貨店運動を全国的な運動へと押し広げる意味を持つものでした。しかし、全国的な運動となれば、市外、町外からの進出に反対する「愛市」「愛郷」という理念は通用しなくなります。では、全国的な反百貨店運動においては、どのような

	百貨店売上高シェア（%）	営業所数	
		百貨店	小売業計
仙台市　（1933 年）	26.5	2	3,742
東京市　（1931 年）	32.3	18	72,228
横浜市＊　（1933 年）	18.2	5	17,931
名古屋市　（1932 年）	15.4	5	26,315
大阪市＊　（1935 年）	17.7	7	73,141
神戸市　（1932 年）	10.2	6	20,778
全国＊　（1939 年）	9.3	203	1,577,736

（出所）各都市商（工）業調査書および『昭和 14 年臨時国勢調査結果表』より作成。
（注）＊は「卸小売」の小売分を含まない。

表１－４　地域別にみた小売総額に占める百貨店売上高のシェア

理念が掲げられていたのでしょうか。あるいは、そもそもどのような背景のもとで運動が盛り上がり、いかにして百貨店法の制定に結実していったのでしょうか。

反百貨店運動

全国的に反百貨店運動が盛り上がっていく背景には、もちろん百貨店の発展により、中小小売商が苦境に立たされていたという事実があります。

表１－４は、小売総額に占める百貨店売上高のシェアを示したものです。これによれば、最も高い東京市の三二・三％を筆頭に、一九三〇年代前半の主要都市では、一〇％台後半から二〇％台に上る例が多く見られました。店舗数の割合では〇・一％にも満たない数の百貨店が、これだけの売上高シェアを持っていたのですから、たしかに中小小売商への圧迫というイメー

ジがピッタリきます。「デパートメントストア宣言」から三〇年足らずでここまで百貨店が発展したことに、改めて驚かされる数字でもあります。

しかし、圧迫の程度は、業種によって大きく異なっていました。業種別に見た百貨店の売上高シェアについて、東京市（一九三一年）の例を挙げれば、呉服を含む「織物・被服類」で六九・八％、「小間物・洋品類」で五九・五％、「建具・家具・指物類」で五八・九％、「履物・雨具類」で五二・四％と非常に高い一方、白米を含む「穀類・粉類」では一・八％、青果を意味する「蔬菜・果物類」では一一・五％、「魚介・藻類」では一八・四％、「酒類・調味料・清涼飲料」では一〇・二％、「菓子・パン類」では一五・一％というように、総じて食料品分野のシェアは低い水準にとどまっていました。

にもかかわらず、反百貨店運動は、業種を超えた広がりを見せていきます。その背景には、不況とそれに伴う中小小売商の苦境という問題が横たわっていました。

一九二七年の金融恐慌と、一九三〇～三一年の昭和恐慌は、それ自体として小売店の経営を圧迫していきましたが、不況にもかかわらず、というよりも、むしろ不況ゆえにこそ小売業への新規参入が活発になるという、今では考えにくい現象が苦境の度合いを強めていました。

というのも、戦前の日本においては、失業保険制度がなく、生活保護も失業者には与えられないというしくみのもとにあったため、職を失った人びとは、たとえ見込まれる収入が低くても、とにかく食い扶持を求めて働かざるを得ない状況にありました。そうした人びとにとって、小売業はそれほど多額の資金を要さず、業種によっては特別な技術も不要であったため、開業が容易だとみなされていたのです。国勢調査をもとに、一九二〇年と三〇年の職業別人口を比較してみても、商業部門は、伸び率、増加人口吸収率ともに最大となっていました（竹林庄太郎『日本中小商業の構造』）。

こうした位置づけを踏まえて、職にあぶれた人びとが溜まっているという意味で、当時の商業部門は「過剰人口のプール」だったと言われることもあります。単に不景気で売れ行きが悪くなったというだけでなく、「過剰人口のプール」であったがゆえに、同業者間の競争が激しくなって、中小小売商の苦境が深刻化していったというわけです。こうした状況に不満を募らせる彼ら・彼女らのエネルギーが、反百貨店運動という形で噴出していった面が多分にありました。

その意味で、反百貨店運動は、百貨店との競合が激しい業種の、中堅的な小売商が主導した政治的な運動という性格を持っています。そして、それが業種を超えた盛り上がりを見せたのは、不況とそれに伴う同業者間競争の激化によって苦境に立たされた中小小売商のエネルギーが、政治的に組織化されていったためであるとみることができます。

この点を踏まえて、具体的な動きを簡単に追いかけてみましょう。

最初の組織的な反対運動は、一九二五年、東京市下谷区の呉服店が開催した百貨店反対大会であったとされています。具体的には、松坂屋上野店の「大衆化」に伴う事業拡大に反発した動きでした。一九二八年には、東京市内における主要な商店街組織がこの動きに呼応し、約四〇の「商店会」が集まって「東京小売商連合会」が組織されます。一九三一年には、東京京橋・日本橋の商人らによって「中堅建設同盟」が結成され、浅草では、松屋浅草店の建築に対する反対運動から「共和一新党」という組織ができました。

こうしたなかで、民間の激化する運動に危機感を抱いた東京府商工課が、一九三一年に府内の商店会を糾合して「東京府商店会連盟」を組織、一九三二年にはこれが四〇〇会、二万店を擁する大組織へと発展します。

他方、大阪においても、一九三一年に「大阪小売商人擁護連盟」が結成され、まもなくこれが「全日本商工党」という政党組織へ転換、横浜には「横浜商工民友会」、名古屋には「帝国中産連合同盟」という政治組織ができ、札幌には地元の商店街によって「三越進出反対同盟」が結成され、同じく三越の進出を受けた高松市でも「高松商店連盟」が組織されます。

東京府商店会連盟は、このような各地の動きを受けて、全国的な連合組織を結成すべく呼びかけます。その結果、百貨店対策を軸とした商店会連盟が続々と結成され、一九三二年八月一八日に全国小売業者大会を開催するに至りました。大会においては、「全日本商店連盟」が結成されるとともに、「百貨店法の制定要望」と、「百貨店特別税新設」「商品券発行禁止」「オトリ政策乱売防止」「出張販売禁止」「夜間営業禁止」「日曜祭日休業」「百貨店新設拡張禁止」などの実現を期すよう決議がなされています。

このうち、「商品券」というのは、百貨店が発行する商品券のことを指し、一九二〇年代後半から贈答用に人気が高まって、その発行額が増加していました。百貨店の商品券発行には特に規制がないのに対して、複数の小売商が共通商品券を発行することは、紙幣類似取締法に抵触するという理由から、認められていませんでした。そのため、百貨店の発行も禁止せよ、という要求が盛り上がっていたのです。

また、「オトリ政策」というのは、今で言う「ロスリーダー政策」のことで、集客を図るために、ある商品を極端な低価格で販売することを指しています。百貨店はさまざまな商品を扱っているので、たとえば石鹸を目玉商品として、仕入れ原価も割り込むほどの低価格で売ることにすると、石鹸目当てに客が集まりますが、百貨店に来た客の多くは、石鹸だけでなく、他の商品も買っていくので、全体としてはきちんと利益が確保できることになります。しかし、石鹸をメインで売っている業種店は、隣でそれをやられると商売にならないわけです。

反対運動の論理

いずれにしても、その他の項目も含めて、百貨店を規制することは、「消費者の利益」という観点からは必ずしも望ましいことではありません。では、反百貨店運動という政治運動は、そうしたありうべき批判を乗り越えるために、どのような理念を掲げていたのでしょうか。いかなる政治も、正当性を認めうる理念がなければ動きませんから、彼ら・彼女らの言い分に耳を傾けてみる必要があります。

もちろん組織によって細かな違いは見られるのですが、大枠としては、小売商人は「中産階級」として国家社会を支える「中堅」の一翼を担っているのだから、小売営業を通じて生活が保障されるべきだ、という理念が掲げられていました。今の言葉で言えば、「分厚い中間層」の存在が、社会の安定的な発展につながるのだ、という理念に近いものです。興味深いことに、全日本商工党や共和一新党では、「生活権」という言葉が使われ、そうした理念の正当性が強調されていました（江口圭一『都市小ブルジョア運動史の研究』）。

「生活権」と言えば、日本国憲法第二五条（「すべて国民は、健康で文化的な最低限度の生活を営む権利を有する」）を想起する方も多いと思いますが、言うまでもなく、戦前の大日本帝国憲法にはそのような条文はなく、ここでも国民一般の権利という文脈では使われていません。あくまでも、「中産階級」だからこそ「生活権」が認められるべきだ、という論理です。ただ、貧富の格差が拡大し、「資本家」対「労働者」（あるいは「地主」対「小作農」）という形で、「階級」対立の性格を色濃く帯びていた当時の時代状況にあっては、こうした論理が大きな力を持っていました。

第一次百貨店法

この間、反百貨店運動の高まりを受けて、「商工省」という今の経済産業省へ連なる中央官庁が、百貨店法案の立案に着手していました。

一九三二年七月二六日に新聞がその動きを報じると、百貨店側は、日本百貨店協会を通じて当局へ立法の見合わせを申し入れるとともに、代替策として、八月一一日に百貨店間で自主的に結んだ自制協定を「声明書」として発表しました。その内容は次頁の表1－5の通りで、中小小売商の要求を一部容れていますが、実際には、「百貨店商業組合」に加入しないものが多く、強制力のない協定だったため、実効性に乏しいものでした。

そのため、反百貨店運動は収まる気配を見せず、結局、一九三七年に百貨店法が制定されました。この法律は、一九四七年にいったん廃止され、一九五六年に改めて同趣旨の法

1. 出張販売を行わない
2. 商品券は当局の指示に従い適当な措置をとる
3. 支店分店の新設は当分の間行わない
4. オトリ政策のような廉売方法を採らない
5. 過当なサービスによる顧客誘致策を採らない
6. 東京・関西における無料配達区域の縮小
7. 毎月一斉に3日間休業する
（ただし、中元、歳暮、誓文売出し期間を除く）
8. 百貨店商業組合を設立して統制を行う

表1－5　自制協定の内容（1932年）

1. 規制対象
以下の条件をともに満たす店が対象
売場面積：6大都市は3,000㎡以上、その他は1,500㎡以上
※6大都市：東京、横浜、名古屋、大阪、京都、神戸
取扱商品：衣服類、食料品類、住居用品類、その他のうち、少なくとも2種類以上にまたがる→「建物主義」（複数の業者が同一建物内に集まった場合も、条件を満たせば対象）を採用

2. 許可制
以下の場合は主務大臣（＝商工大臣）の許可を要する
百貨店の新規開業および増設、支店・出張所・配給所などの新設、店舗外販売の開始

3. 閉店時刻および休業日の統制
閉店時刻：4月～10月は午後7時、11月～3月は午後6時とする
ただし、地方の事情その他特別な事由がある、あるいは繁忙期にあたる場合には、主務大臣の許可を得て午後9時まで延長することができる
休業日：6大都市は毎月3日以上、その他の地域では1日以上とする

4. 百貨店組合の設立
1の条件を満たす百貨店は組合に強制的に加入し、その営業統制を受けること
組合に対して、主務大臣には以下の権限があり、強い罰則規定がある
強制加入、統制規定の許可・変更・取り消し、組合員に対する統制遵守の強制

表1－6　第1次百貨店法（1937年公布・施行）の内容

律が制定されたので、それと区別するために、第一次百貨店法と呼ばれています。

第一次百貨店法の内容は、表1－6に示した通りで、百貨店の新増設や、出張販売は許可制となり、百貨店の閉店時刻や休業日が法律で定められました。また、条件を満たす店舗はすべて規制対象となり、「百貨店組合」という組織に強制加入させられて、その営業統制に従わねばなりません。法律としての特徴は、百貨店を管轄する主務大臣（当時は商工大臣がこれに当たります）の権限が大きく、その運用次第で規制を緩めることも、厳しくすることもできるような、行政指導による裁量の余地が大きかった点にあります。

こうした特徴は、百貨店法が、中小小売商の保護・救済だけを目的としていなかったことに由来します。たしかに、中小小売商を保護する必要はあるが、しかし、そのことが百貨店の発展を著しく阻害し、「消費者の利益」を損ねるようなことがあってはならない。百貨店法はこのような発想に立ち、小売業の近代化に果たす百貨店の役割を認めたうえで、百貨店と中小小売店との事業機会を調整するものと位置づけられていたのです。新増設や出張販売を一律に禁止しなかったことに、そうした調整政策としての性格がよく表れています。

第一次百貨店法が公布された一九三七年八月一三日から遡ることおよそ一ヵ月、七月七日に盧溝橋事件が発生し、日本は日中戦争へと突入していました。まもなく日本経済全体が統制経済へと再編され、商業は「配給」という形で自律的な活動の場を失っていきます。そうしたなかで、長い運動の末にようやく成立した第一次百貨店法は、その効果を十分に検証できる実績を示すことがないままに、一九四七年の廃止を迎えました。

しかし、第一次百貨店法が成立をみたことは、この法律自体の効果云々という以上に、大きな歴史的意義をもっていました。第一次百貨店法がもつ調整政策という枠組みは、第二次百貨店法（一九五六年公布・施行）から「大店法《だいてんほう》」（＝大規模小売店舗法、一九七三年公布・七四年施行）へと引き継がれ、その後の日本における流通政策を形作る土台になったからです。

第2章

通信販売
——戦前の婦人雑誌・百貨店通販の黄金時代

リアル店舗は不要になる？

通信販売と言えば、近年、インターネットの普及によって、特に成長が著しい小売業態として注目されてきました。今の大学生にとっても、インターネット通販はよく利用する身近な存在になっているようで、授業のなかで流通史を概説しながら、「これから主役になる小売業態は何だと思うか？」と学生に尋ねると、「ネット通販」という回答が一番多く寄せられます。

実際に、インターネット通販の売上高は、二〇〇七年の五・三兆円から二〇一三年には一一・二兆円へと急拡大しています（経済産業省「電子商取引に関する市場調査」）。

この数字には、サービス業も含まれるので、商業統計の小売総額と厳密に突き合わせることはできませんが、二〇〇七年の数字をあえて使うと、小売総額に対するネット通販の割合は三・九％となり、すでにこの時点で、百貨店（五・七％）やコンビニエンス・ストア（五・二％）に迫る位置を占めていました。最新の商業統計調査である二〇一四年のデータはまだ公表されていないため、「商業販売統計年報」によると、二〇一三年の百貨店売上高が六・七兆円、コンビニ売上高が九・九兆円ですから、今やその地位は逆転し、ネット通販がこれらを上回っていることになります。

こうした状況のなかで、ネット通販の成長によって、リアル店舗による小売業が、不要になっていくと考える学生も多いようです。たしかに、書籍販売をはじめとして、そのような見方があてはまる例は少なくありませんし、百貨店をはじめとしたリアル店舗による小売業態の多くが伸び悩むなかで、通信販売が目覚ましい成長を続けていることを踏まえれば、リアル店舗が不要になるという感覚も、実感に沿うものと言えるでしょう。

いずれにしても、今後の展開は予断を許しませんが、歴史を振り返ってみると、たとえば一九七四年の小売総額に占める通信販売高の割合は、わずか〇・六%だったと推計されています（『日本の通信・カタログ販売』）。言うまでもなく、インターネットなどない時代のこととはいえ、それにしても、近年の数字からは考えられないほど低い水準にありました。

とある本には、次のような記述も出てきます（斎藤駿『なぜ通販で買うのですか』）。

年配の人ならおぼえておいでだろうか。戦前どころか、一九六〇年代までの通信販売といえば、大衆雑誌や芸能雑誌の片隅にひっそりとたたずむこんな商品が主流だった。健康痩身剤、二重マブタをつくるテープ、豊頬器、隆鼻器、背を伸ばす機械、にきび専用クリーム、タバコをやめる薬……ちょっと恥ずかしくてお店では買いにくいよという、いわば日蔭商品。恥ずかしい、こっそり、が戦前から六〇年代までの通信販売のイメージだった。

これは要するに、「お店では買いにくい」商品以外は、通信販売ではなくお店で買っていた、ということです。日本では、長らく店舗販売が圧倒的に優位な状況にあったと言えるでしょう。ただし、急いで付け加えておかねばならないことがあります。それは、この引用文にある「戦前から」という部分には留保が必要だということです。

日本の通信販売は明治時代からあり、そのことに驚かれる方も多いのですが、少なくとも一九二〇年代初頭までは、引用文にあるような「日蔭商品」の世界ではなく、一つの小売業態としてそれなりに重要な位置を占めていました。したがって、まずは通信販売が重要となっていた時代のことをよく知る必要があるでしょう。そのうえで、この記述は、それよりも後の時代のイメージを述べたものとして読まなくてはなりません。

この章では、通信販売が本格的に勃興した一八九〇年代から、それが停滞期を迎える一九二〇年代半ば～三〇年代の時期を対象として、通信販売という小売革新が果たした歴史的役割について考えていきたいと思います。通信販売がどのような形で成長し、なぜそれが停滞を迎えるに至ったのか。この問いは、日本型流通に関わる消費と地域の問題を考えるうえで、重要な示唆を与えてくれるものです。

そもそも通信販売とは何か？

具体的な歴史を見ていく前に、通信販売の特徴を整理しておきましょう。

通信販売は、訪問販売や行商、自動販売機による販売などと並び、店舗を構えずに販売活動を行う「無店舗販売」の一種です。そのなかで、訪問販売や行商とは異なり、売り手と買い手とが直接対面することなく、通信手段のみによって売買が行われる点に、通信販売の大きな特徴があります。

本章が対象とする時期の日本では、売り手の側からは、カタログ、新聞・雑誌広告、ダイレクトメールという手段が多く使われ、買い手からの注文や代金の決済には、主として郵便が利用されていました。電話の普及は時代を経て進んでいきましたが、通話料が高く、よほど緊急の場合などを除けば、電話が通信販売に利用されることはあまりなかったと考えられます。また、今では通販といえば宅配便ですが、宅配便というシステムは、ヤマト運輸が一九七六年に創始したもので、それ以前については、商品の配送には主に小包郵便や鉄道便が使われていました。

さて、そもそも小売業には、「消費者需要のあり方に規定された小規模分散性」という制約条件があることは、第1章で説明しました。少しずつしかモノを買ってくれない消費者が、全国各地に散らばって住んでいるので、消費者を相手にする小売業も、規模が小さく、各地に散らばって展開することになりがちだ、という制約条件のことです。

それに対して、通信販売には、こうした地理的な制約を取り払い、通信手段を利用できる範囲にまで商圏を広げられる点に、小売業態としての革新性を認めることができます。散らばって住んでいる消費者を、通信手段を使うことで自らの顧客にすることができるわけです。消費者の側からみても、近隣に立地する既存の小売店などとは別に、新たな商品や価格の安い商品を購入できる機会が広がり、店舗などへ出かける移動の手間や費用がかからずに済むといったメリットがあります。

一方で、「売り手と買い手とが直接対面することなく、通信手段のみによって売買が行われる」という特徴は、通信販売に特有のさまざまな問題も生じさせます。

買い手からみれば、通信販売の販売業者が、きちんとした商売を行う業者なのか、それとも粗悪品を送り付けてくるような詐欺目的の業者なのか、ということを事前に見極めることが難しくなりますし、仮にきちんとした業者であったとしても、欲しい商品の実物を直接手にとって確かめられないということが、大きな短所として感じられる場面は少なくありません。授業で通信販売を取り上げると、「洋服や靴は直接手にとって自分の目で確かめてから買いたいので、ネット通販では買いません」といった主旨のコメントを寄せる学生が必ずいます。

ですから、通信販売という小売業態は、店舗販売に対して常に優位な立場にあるわけではない、ということに注意しなくてはなりません。店舗販売であれば、欲しいと思った商品をその場で購入してすぐに自分のものにできるわけですから、そもそも近隣で売られていない商品や、価格や品質の点で十分に差別化された商品でない限り、通信販売の利用が広がっていきにくい面があります。通信販売の盛衰は、店舗販売をはじめとした消費者の買い物環境に大きく左右されるということです。

あるいはまた、顔が見えないのは、売り手の側にとっても同じことで、顧客から確実に代金を回収できるような見通しが立っていなければ、通信販売を始めることが難しくなります。たとえ送金の手段はあっても、顧客がさまざまな理由で不払いを起こす可能性はあるわけです。その際、いちいち代金を取り立てるために、遠方にいる顧客のもとへ出向かざるを得ないとしたら、コストがかかりすぎて商売が成り立ちません。

この問題は、顧客に代金の前払いを求めれば解決するように思えるかもしれません。しかし、先にみたように、買い手の側も相手が見えないだけに、よほど信用できると思えない限り、前金での注文には抵抗を感じるので、結果として、通信販売の取引が広がりにくい状況に陥ってしまいます。こうした問題を解消してくれるしくみの一つが代金引換で、今では当たり前のように使われていますが、歴史的に見ると、日本では代金引換小包郵便制度の開始によって、通信販売業への活発な参入が見られるようになっていきました（満薗勇『日本型大衆消費社会への胎動』）。以上を踏まえて、通信販売の歴史をみていきましょう。

アメリカの通信販売の歴史

歴史という点では、なによりも有名なのが、アメリカの通信販売です。

アメリカでは、一八七二年に「モンゴメリー・ウォード」、一八八六年に「シアーズ・ローバック」という会社が、それぞれ通信販売を専業とする事業を開始し、一九二〇年代初頭にかけて農村をターゲットに急成長していきました。当時のアメリカの農村には、そもそも近隣に小売店舗がない地域も珍しくなく、あってもせいぜい小さな「ゼネラル・ストア」、つまり「よろず屋」だけで、その店も品揃えに乏しく、価格も都市部の数倍という状況にありました。そうしたなかで、二大通販会社はいずれも、規格化・標準化された大量生産品を、圧倒的な低価格で大量販売するというビジネスモデルを確立し、農村の人びとから絶大な支持を集めることに成功します。

当時の輸送条件では、生鮮食料品の通信販売は困難でしたが、それ以外は通信販売で何でも揃うと言ってよい状況にありました。たとえば、シアーズ・ローバックによる一八九七年のカタログを見ると、薬、金物類、工具、冷蔵庫、刃物類、ストーブ、農具、衣類、靴、家具、アクセサリー、トランク、カーペット、カーテン、本、文房具、時計、宝石類、カメラ、スポーツ用品、馬具、楽器、銃、自転車など、実に多様な商品が掲載されています。商品の拡充に伴ってカタログもどんどん分厚くなり、一九一四年のカタログは、なんと全部で一六一五頁にも上っています。

ただし、取扱商品の拡充は、多くの品目を扱うようになって商品ラインの「幅」が広がる方向に進んだもので、各品目の取扱商品の「深さ」という方向には進んでいきません。たとえば、カーペットや自転車といったように、新たな品目は次々と加わっていくのですが、カーペットならカーペット、自転車なら自転車という一つの品目のなかでみると、それぞれ取り扱っているアイテム数は絞り込まれていました。

このことは、売れ筋のボリュームゾーンに絞った大量生産品を、低価格で大量販売するというスタイルがとられていたことを意味しています。こうして、アメリカの通信販売は、画一的な大量消費を全国に拡張し、画一的な大衆消費社会の成立に大きく寄与することとなりました。

ところが、一九二〇年代後半になると、アメリカでは地方都市の成長を背景として、チェーンストア方式による店舗小売業が全国を席捲《せっけん》し、乗用車の普及によって行動範囲が広がった農村部の人びとも、地方都市のチェーンストアまで買い物に出かけるようになりました。その結果、通信販売は明確な衰退傾向を示し始め、シアーズ・ローバックもモンゴメリー・ウォードも、通信販売からチェーンストア方式による店舗展開へと軸足を移すことで、小売企業としての存続を図っていくこととなります。

こうしたアメリカの推移からは、「通信販売の盛衰は、店舗販売をはじめとした消費者の買い物環境に大きく左右される」という先の記述を思い出してもらいたいところです。加えて重要なのは、二大通販会社は、通信販売から店舗販売へと売り方は変わっても、規格化・標準化された大量生産品を、圧倒的な低価格で大量販売するというビジネスモデルを追求し続けていったという点です。画一的な大量消費に基づくアメリカの大衆消費社会は、このような形でさらなる展開を遂げていくことになりました。

日本の通信販売は明治時代から

さて、では日本の場合はどうだったのでしょうか。

日本最初の通信販売は、一八七六年に農学者の津田仙が、『農業雑誌』上で行った農業者向けのトウモロコシ種子の販売だといわれています。津田仙は、有名な津田梅子のお父さんです。一般消費者向けの通信販売としては、一八八二年に天賞堂が行った印鑑および貴金属品の販売が古い例ですが、本格的に広がるのは、郵便事業やそれを支える鉄道網の整備が進んだ一八九〇年代以降のことでした。

具体的には、小包郵便が一八九二年、代金引換郵便が一八九六年、郵便振替制度が一九〇六年に始まり、この時期からさまざまな商品が通信販売で売られるようになっていきます。呉服、洋服、靴、薬、化粧品などは、大都市に立地する小売店が、地方向けに通信販売でも売るようになり、お茶や水晶などは、産地の業者が通信販売で全国に販路を広げていきました。前者の例では、百貨店化を進める大都市呉服店が、後者の例では、伝統的な日本茶として名高い宇治茶の産地が、それぞれ大々的に通信販売を展開していきました。

やがて、通信販売を専門とする通販専業会社も生まれたのですが、これはおそらく百貨店通販との競争に敗れて、まもなく姿を消すことになります。

また、新聞社や出版社も、さまざまな商品を誌上で紹介しながら通信販売に進出していきました。なかでも、『主婦之友』をはじめとする婦人雑誌は、一九二〇年代以降に雑誌の部数を大きく伸ばすなかで、いずれも「代理部」という通販部門を置いて、女性向けのさまざまな商品を誌面と連動する形で販売していきます。

残念ながら、戦前期について、通信販売に関するきちんとした売上高のデータを得ることはできません。その代わりに、一つの代理指標として、代金引換小包郵便物数のデータを得ることができます。それを整理したものが、次頁の図2－1です。もちろん、通信販

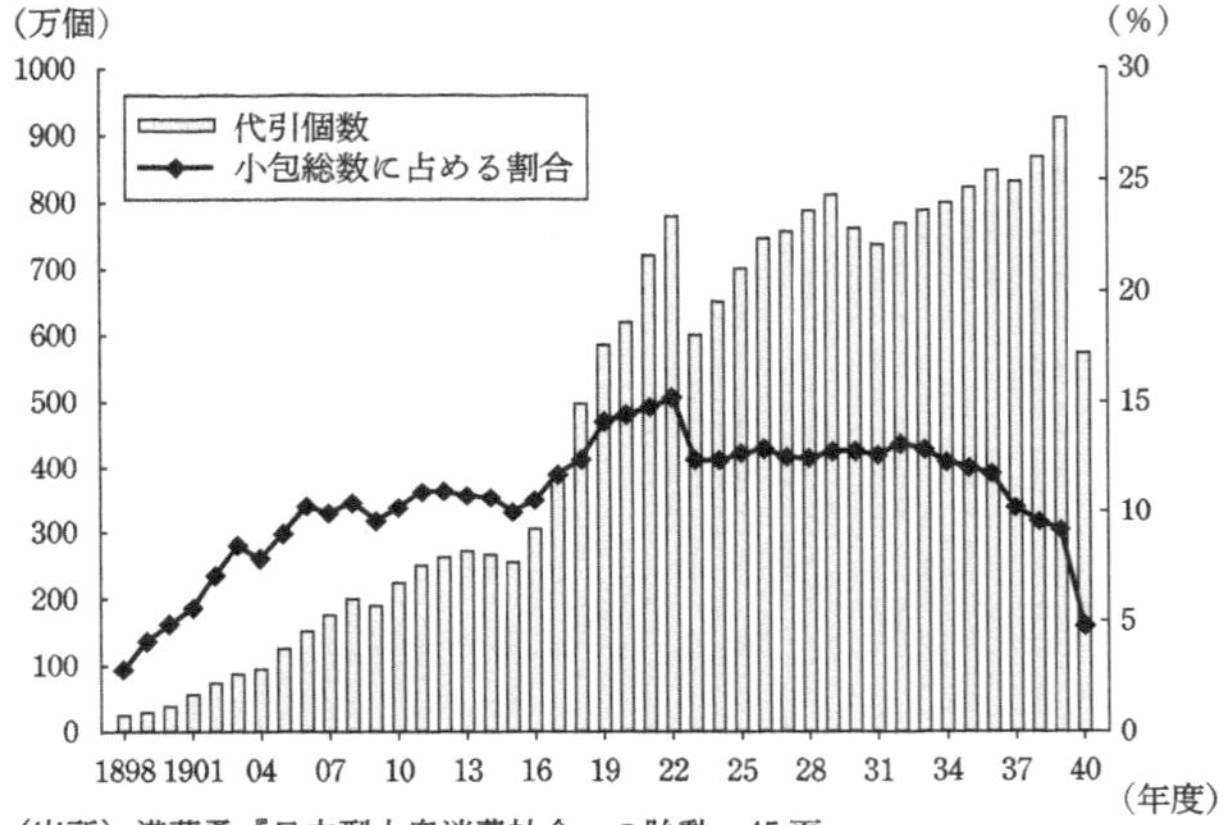

(出所) 満薗勇『日本型大衆消費社会への胎動』45頁。
(注) 年度は会計年度(4月〜翌3月)。

図2-1　代金引換小包郵便物数の推移

売がすべて代引小包によるものだったわけではありませんし、逆に、代引小包がすべて通信販売によるものだったわけでもありません。こうしたデータの限界には十分に留意しなくてはなりませんが、おおよその趨勢を知るうえでは貴重なものと言えるでしょう。

図2-1からは、一九〇〇年代から二〇年代初頭にかけて代引小包個数が急速に増加し、一九二〇年代半ば以降にそれが頭打ちになったことが読み取れます。なかでも、一九一六〜二二年度における急激な伸びと、関東大震災(一九二三年)および昭和恐慌(一九三〇〜三一年)の影響とみられる大きな落ち込みが目を引くところです。一九四〇年度の落ち込みについては、この年

の一一月に、戦時統制の影響で代金引換郵便の取り扱いが停止されたことによるもので、会計年度（四月〜翌三月）のデータであるために、その影響が大きく出ています。

ちなみに、一九七四年度の代金引換小包郵便物数は一三六万個で、戦後、この時期までのピークをとっても二一三万個（一九五八年度）という水準にありましたので、七七九万個という一九二二年度の数字に比べてもきわめて少ないことがわかります。これがそのまま通信販売高の大幅な減少を示すものと言えるかどうかは難しい問題ですが、先に紹介した一九七四年の小売総額に占める通信販売高のシェア〇・六％という低い数字は、戦前のピークから通信販売が位置づけを大きく低下させていった結果であることはたしかだと思います。

戦前の議論に戻り、代引小包個数の推移を踏まえて考えると、日本の通信販売は、一九〇〇年代から二〇年代初頭にかけて急速に発展した後、一九二〇年代半ばから三〇年代にかけて停滞局面を迎えたと推察されます。関東大震災の影響が大きく出ているのは、供給側、つまり通信販売業者の問題として理解できます。おそらく顧客名簿の焼失によって、通信販売の継続が困難になったのでしょう。また、昭和恐慌の影響については、特に農村部で恐慌の打撃が大きく、かつ長引いていたので、需要側の問題であると思われます。

ただし、いずれにしても、一九二〇年代初頭のピークをなかなか超えられない状況が続いていますから、長期的な停滞の要因もあわせて考えなくてはなりません。これについては、不正業者による詐欺の横行に主因を求める研究もあるのですが（黒住武市『日本通信販売発達史』）、私はそれ以上に、都市化の進展と、小売店舗網の整備という要因が大きいと考えています。第1章で紹介した「過剰人口のプール」という言葉を覚えているでしょうか。一九二〇年代から三〇年代という時期は、小売業者を中心とした商業人口が急増していく時期と重なっているのです。

要するに、アメリカの場合と同様に、日本の通信販売についても、消費者の買い物環境との関係に注目すべきだと言いたいのですが、アメリカとは異なり、一九二〇年代半ば～三〇年代の日本においては、チェーンストア方式をとる小売店舗はごくわずかでしたし、乗用車の普及もほとんど認められません。あるいは、そもそも日本の通信販売は、アメリカのような規格化・標準化された量産品を低価格で大量販売するというスタイルでもありませんでした。

アメリカと日本では市場規模も違うので、直接比較することにあまり意味はありません。ただ、アメリカの例を一つの参照基準にすると、日本の特徴がよく見えてくる面はあると思います。画一的な大量流通と大量消費というアメリカ的な小売業のイメージを、一方の極にある極端な例だとすれば、日本の流通や消費はどのように位置づけることができるのか。本章が対象とする通信販売という小売業態は、こうした視点から日本型流通の理解を深めるうえで、格好の対象であると言えるでしょう。

そこで、以下では、具体的な事例として、百貨店による通信販売と婦人雑誌の代理部による通信販売を取り上げて、それぞれの事業展開のありようと、盛衰の背景について考えてみたいと思います。百貨店は、日本の通販業界において最大手の担い手として、婦人雑誌の代理部は、通販業界全体が停滞局面にあった一九二〇年代以降に台頭した担い手として、それぞれ注目されるものです。詳しくみていきましょう。

大きかった三越の通販部門

三越では、一八九〇年代後半に通信販売事業を開始しています。これは「デパートメントストア宣言」(一九〇五年)よりも前のことで、店名も「三井呉服店」という名前の頃でした。一九〇〇年には「地方係」という名称で、通信販売を担当する部門が設置され、一九〇三年からは、企業PR誌とカタログを兼ねた月刊誌『時好』が刊行されています。具体的な導入のきっかけは不明ですが、欧米の百貨店でも通信販売が行われていたので、百貨店化に向けた経営改革のなかで、通信販売という新しい小売業態にも手を伸ばしたと言えるでしょう。

通販部門の売上高については、断片的なデータしか得られませんが、一九一〇年頃には「地方係」全体で二〇〇万～二五〇万円程度で、三越総売上高の二〇～二五％も占めていたとみられています。その後、ここから年々売上高が増加し、一九一八～一九年頃には、「実に意想外の売上額」に達したものの、一九二三年の関東大震災によって「資料」を焼失し、通販事業が頓挫《とんざ》する事態に陥ったとされています。一九三五年には、通販売上高が一一七万円、総売上高に占める割合が一・一％という低い数字にまで落ち込んでいきました。

表2－1は、データを得られる範囲で、三越通販部門の店員数を示したものです。

これによると、一九〇八年から顕著な増加がみられ、一九一〇年代には合計で一〇〇人を超える規模にまで拡張しています。一九二七年以降になると、一九三七年に至るまで六〇～七〇人台へと落ち込んでおり、売上高の趨勢と重なる動きを示しています。店別にみると、一九一八年から二七年の間に、東京本店の数が半減しているのに対して、大阪支店の数が急増している点が目を引きます。関東大震災で焼失したという「資料」とは、顧客名簿のことでしょうから、その影響で大阪支店の位置づけが大きくなったのだと推測されます。

三越全体からみた通販部門の位置づけについて、東京本店に即して確認しておけば、一九一〇年代には、本店全体の店員数の九〜一六％を占め、部門別店員数についても、一九一二年は第二位、一九一八年は第三位という位置につけていました。それに対して、一九二七年以降は本店店員数全体の二％にも満たず、売場部門の多くが数百人もの店員を擁するに至ったなかで、通販部門はどちらかと言えば規模の小さい部門になっています。

その他のデータをかき集めてみると、三越では一九一〇年頃に、通信販売のために発送する小包郵便物数が年間一六万個以上、そのうちの八割が代金引換によるものでした。これは、東京市内から発送された代引小包郵便総数の一四・六％にも上ります。同じ時期に、手紙の到着数は一日平均一〇〇〇通、カタログ発行数は月刊誌で月三万〜五万部という状況にありました。その後、一九三五年には、カタログ発送数が年間九一万部で、一ヵ月当たり約七万六〇〇〇部という計算になります。

総じて言えば、三越の通信販売は、先の図2－1に示された推移と、重なるイメージで理解しておけばよいと思います。一九一〇年代に急成長を遂げ

	東京本店	大阪支店	合計
1898年	2	2	4
1899年	2	2	4
1900年	5	3	8
1901年	9	8	17
1902年	9	7	16
1908年	44	6	50
1912年	98	7	105
1918年	99	7	106
1927年	46	18	64
1929年	50	22	72
1931年	43	19	62
1933年	49	20	69
1935年	49	19	68
1937年	51	23	74
1941年	29	26	55

（出所）『日本型大衆消費社会への胎動』93頁。

表2－1　三越通信販売部門店員数

た後、一九二〇年代半ば以降は停滞局面を迎え、一九三〇年代においても二〇年代初頭のピークをなかなか超えていかない、というイメージです。

そのうえで、注目すべき点は、一九二〇年代半ば以降に、百貨店業に占める通信販売の位置づけが大きく低下していることです。一九二〇年代半ば以降と言えば、それまで富裕層をターゲットにしてきた百貨店が「大衆化」していく時期だったことは、第1章で述べた通りです。それに対して、百貨店通販は、地方の富裕層を主なターゲットにしていましたが、一九二〇年代半ば以降においても「大衆化」による事業拡大がうまくいかずに、百貨店業全体の成長から取り残されていったと考えられます。

三越以外の百貨店については、さらに断片的なデータしか残されておらず、あまり確かなことが言える状況にありません。白木屋や高島屋は、三越の三分の一から二分の一程度の規模であったのに対し、松坂屋ではあまり通信販売に力を入れていなかったようですが、いずれにしても、主要な大都市呉服系百貨店では、一八九〇年代後半から一九〇〇年代までに通販事業を開始し、三越ほどの規模ではなかったものの、それぞれに趨勢としては、三越と同様の推移をたどったとみられています。百貨店は、通信販売業界のなかでも最大手の業者であり、とりわけ三越が業界トップに君臨していたという点をおさえておきましょう。

顧客の注文のしかた

では、実際に通信販売の取引はどのような形で行われていたのでしょうか。この問題を考えるうえで、貴重な資料を提供しているのが、松屋の事例です。

松屋は、東京の主要百貨店五店からなる「五服会」（一九一九年設立）に名を連ねるなど、代表的な百貨店のひとつでした。松屋銀座店の通販部長を務める前波仲子という人物が、商業者向けの業界雑誌に「通信販売の話」という文章を寄せており、そのなかに松屋へ実際に寄せられた注文状の文例が掲載されています（『商店界』第九巻第一二号、一九二九年一〇月）。たとえば次のようなものです。

左記の品、いくばく位ニ候哉、御多忙中御手数恐入候へ共、御一報被下度《くだされたく》御願申上候

一、女紋付単衣　一枚

地　絽織又金紗（裾模様ナシ）

年齢　三十八九才向け、肥満せる方なれば、地はよろしき方を願ます

地色　何色の方宜敷や、御見立を願ます

紋　三個の方よろしきや、御伺ひします

大意としては、絽織または金紗という生地の女性用単衣を注文したいのだが、裾模様がなく、三八～三九歳向け、肥満気味の体型に合うようなものはいくらぐらいか、と尋ねている注文状です。色は何色がよいか、紋の数は三つのほうがよいかという点も含めて、具体的に個別の商品を指定しているのではなく、店員に見立ててもらおうとしている点が、興味深いところでしょう。

実はこうした注文のあり方は、呉服類にみられた典型的なもので、顧客は自分の年齢・背丈・体格・着用場面などを書き添えた注文状を送り、それを受け取った店側が、その注文状からその顧客にふさわしいものを仕立てて送る、というスタイルがとられていました。顧客が具体的な商品を自分で選んでいない、というところが大きなポイントです。別の注文状も見てみましょう。

暑中御見舞申上げます。毎度有難ぅ御座居ますのに、今度の暑処の流行物かんたんな仕立上げ服スカート着き、十七八才用、束送お送り下さいませ、お金は替で御送り致しまし。来る八月十四日にグラス会がありましから、その頃まで、ぜしぜし御送り下さいませ、御ハガキ付き次第、御願ひ申し上げまし、御まちしてをりまし。かしこ

〔誤字は原文ママ〕

これは誤字が多い文例として紹介されていて、少し読みにくいのですが、主旨としては、八月一四日にクラス会があるので、それまでに一七〜一八歳向けで、この夏の流行に沿ったスカート着きの既製服を送って下さい、という注文状です。興味深いことに、注文状の署名は英字で、「TOSITAKE HANAYO」と書かれていたそうですが、松屋の前波仲子は、署名がローマ字表記だから「モダンガール」のはずなので、そのつもりで「ハイカラ」なものを送りましょう、と雑誌の読者である商業者に向けて書いています。松屋ではかなり大胆な推定のもとに、商品の選択が行われていた様子がうかがえるでしょう。

次の注文状はどうでしょうか。

造花花わ（計四寸位）　一ツ　一円半位
井筒ポマード　二ツ　七〇銭
シャボン歯磨　一　五〇銭
家計簿　一冊　三〇銭
模様のあるオモチヤ、女二才用、木製　一ツ　一、〇〇位　代引にて願ますこのなかで、「造花花わ」（＝花環）は「一円半位」、「模様のあるオモチヤ」は二歳の女の子向けの木製で「一、〇〇位」（＝一円か？）とあり、顧客が具体的な商品を指定していません。雑貨類でもこのような注文方法がとられていたことがわかります。

以上の例にみられるような取引のあり方、つまり、顧客は品目と価格のみを指定し、具体的な商品の選択は店側に委《まか》せるという取引のあり方のことを、店側が顧客に代わって商品を選択するという意味で、私は「代理選択」と呼ぶことにしています。顧客がカタログに載っている商品を具体的に指定して注文を行うという、いわゆるカタログ販売のやり方とは大きく異なっている、というところがポイントです。

今では考えにくい方法かもしれませんが、戦前の百貨店通販においては、カタログ販売よりも、こうした代理選択による取引が主流でした。たとえば、松屋では、一九三〇年頃に通信販売高が年間六〇万円ほどで、そのうちの三分の二が「代理選択」によるものだったそうです。三越をはじめとする他の百貨店についても、同様の状況であったと思われます。こうした特徴的な取引のしかたは、なぜ広がったのでしょうか。

定価表と代理選択で顧客に対応

三越が刊行する企業PR誌兼カタログの現物を見てみると、たとえば『時好』から名前が変わった『みつこしタイムス』の一九一二年二月号は、冊子自体がとても薄く、全体で五〇頁ほどです（次頁図2－2）。しかも、中身を見ると、図2－3のように、個別の商品を写真付きで紹介しているのは、前半の二〇頁だけで、あとはPRのためのさまざまな文章などが掲載されています。百貨店としての商品がすべて網羅されているようなものではなかったわけです。

そのかわりに、カタログには、個別アイテムの紹介ページとは別に、「発売品定価表」として、取扱品目と価格帯の一覧表が掲載されていました。そこには、「呉服太物」のような大分類の下に「白地類」などの中分類があり、その下に小分類として「羽二重　十円より十八円位」などと書かれています。その小分類の項目数は、百貨店化の進展に伴って増加し、一九〇六年の四八八から一九一三年には一四二五を数えるに至っています。それに対して、写真付きで個別に掲載されている商品の数は、カタログ一号につき多くても一〇〇点前後にとどまっていました。

おそらくカタログ製作コストの関係から、百貨店として個別アイテムを網羅するカタログをつくることは難しかったのでしょう。しかし、当時は「デパートメントストア宣言」

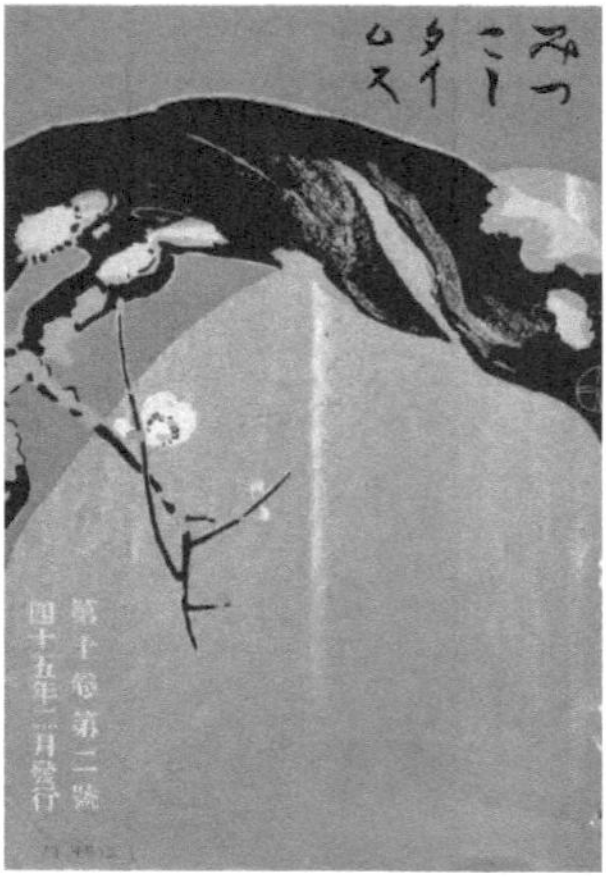

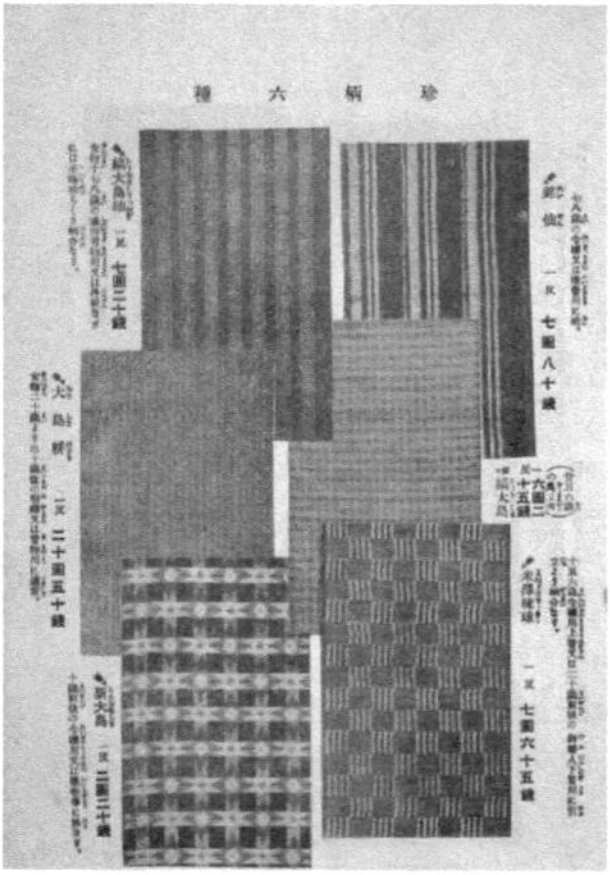

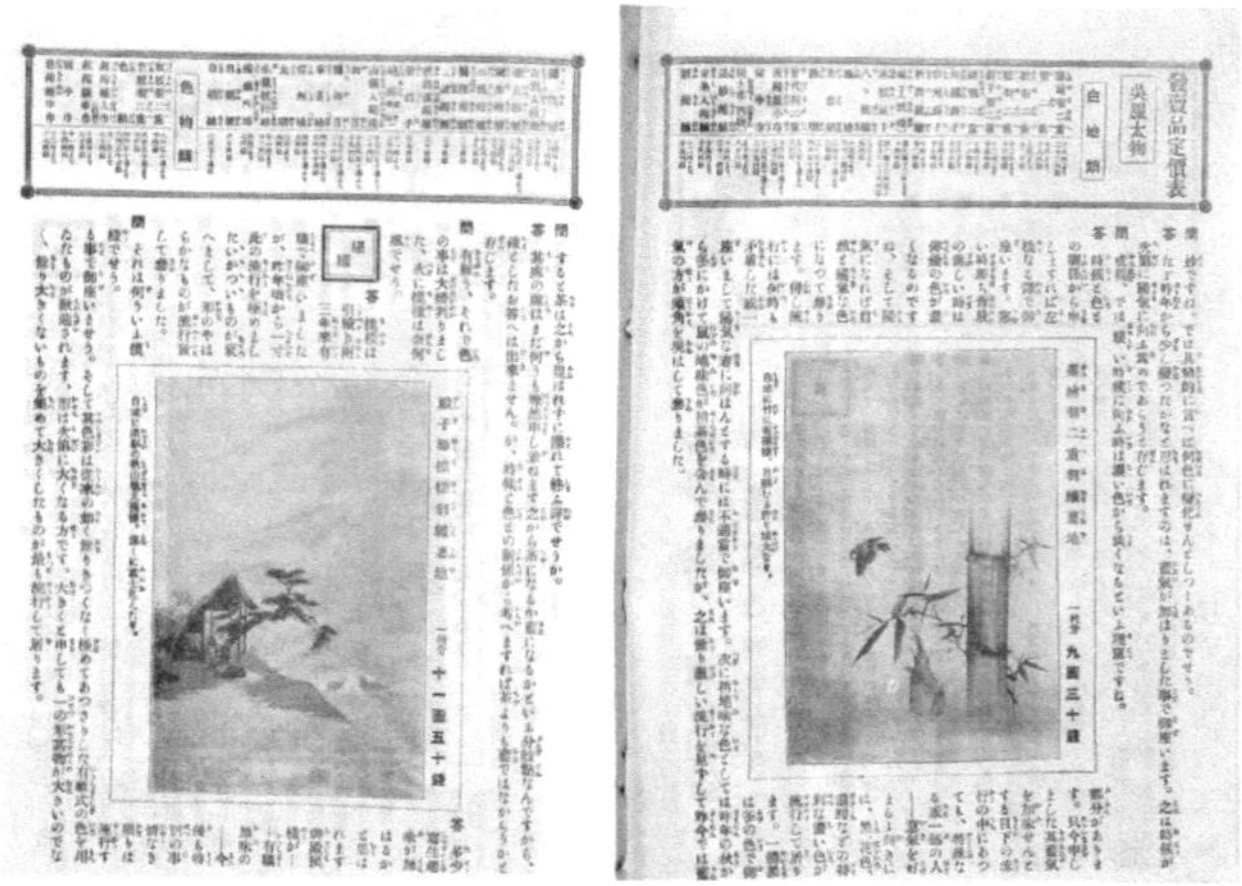

（左上）図２−２　『みつこしタイムス』（1912年２月号）の表紙、（右上）図２−３　同号の商品紹介ページ、（下）図２−４　同号の本文ページ。本文ページの上方に「発売品定価表」が掲載されている

を経て、「なんでも揃う百貨店」という新しい小売業態を日本に持ち込んで定着させようとしていた大事な時期でもありましたから、「定価表」と「代理選択」を組み合わせた方法によって、顧客のあらゆる注文に応じようとしたものと考えられます。

もしかすると、品揃えの幅も深さも求められる百貨店という業態では、そもそもカタログ販売が困難なのではないか、という疑問を持たれる方もいるかもしれません。しかしながら、カタログのページ数から確認できる限り、イギリス、フランス、イタリアの各国における同時代の百貨店通販では、分厚いカタログが作成され、百貨店でもカタログ販売が行われていたことがうかがえます。ですから、百貨店だからカタログ販売を実施できなかった、という単純な話ではありません。

それに関わって、一九〇五年に三越へ入社し、一九〇八年から地方係長をつとめた浜田四郎という人物は、三越入社前に商業雑誌の記者をしており、その頃にアメリカの通販会社を実際に見に行っています。先に紹介した通り、当時のアメリカでは、二大通販会社が大々的にカタログ通販を展開していました。

しかし、浜田は、そうしたアメリカ式のカタログ通販を日本に導入することは難しいと考えていました。浜田はその理由の一つに、「日本の服装は千差万別で限りがない」、つまり呉服をはじめとする衣料品の趣味嗜好が複雑多様であることを挙げています（浜田四郎

『百貨店一夕話』日本電報通信社、一九四八年)。

三越をはじめとする戦前の百貨店が、カタログ販売のやり方を全面的に導入せず、「代理選択」という方法をとっていたのは、こうした日本の消費文化に由来する面もあったということになります。この点は、消費と地域の関係を考える際にも、重要なポイントとなります。

地方の顧客と都会の流行

三越をはじめとした百貨店が、自ら流行を生み出すべく、さまざまな活動を展開していたことは、第1章の冒頭で紹介しました。企業PR誌兼カタログは、まさにそうした流行を発信するメディアとしての役割を果たしており、通信販売においても、流行は百貨店の強みとしてアピールされていました。たとえば、笠原健一という三越通販部門の人物は、通信販売の成功には「流行の中心たるが肝要」であり、そうでなければ、わざわざ地方から顧客が注文してこない、と明確に述べています。

しかし、彼は同じ史料のなかで、「流行は東京を中心として居るとは云ふものの、国々の気候に依つて風俗も異」なるため、「品物を見立てるにも、夫《そ》れを念頭に置いて鑑別しなければならぬ」とも言っています(笠原健一「通信販売に関する予の経験」『商業界』第九巻第六号、一九〇八年五月）。「代理選択」にあたっては、流行だけでなく、地方ごとの趣味嗜好の違いにも留意しなければダメだ、ということです。ここには、日本の消費嗜好が地域差を含めて複雑多様である、という認識が示されていると言えましょう。

一方、地方顧客の側は、百貨店が打ち出す都会の流行に後れることなく、最新の流行商品を手に入れたいと考えており、代理選択というあり方に疑念を抱いていました。たとえば、一九一三年に三越が通信販売に対する不満・要望を顧客から募集した際、次のような投書が寄せられています（『みつこしタイムス』一一巻六号、一九一三年五月）。

余り馬鹿げた話しなれども、「三越には地方係を別に設け、直接買いに行く客に売る品と、地方に送る品とは多少相違せり。流行の点に於ても多少後れて居りはせぬか。地方地方といはるるは人を田舎者扱ひにせらるる気味ありて、何となく気になつて注文する気になれない。」と申すものあり。誤解には相違なけれども、御一考を乞ふ。

通信販売を担当する「地方」係という名称は、地方顧客を「田舎者」扱いする部門名だから、流行後れになった店頭の売れ残り品を販売しているのではないか、という内容です。伝聞調の微妙なニュアンスも面白いのですが、顧客の側は「地方」という言葉に敏感に反応し、本当に都会の流行品が届いているのだろうかと不安に思っているわけです。当然、三越側はそのような事実はないと回答しており、このあとまもなく「地方係」は「通信販売係」へと改称されています。

ここから見えてくるのは、都会の最新流行をそのまま取り入れたいと考える顧客側に対して、三越の側では、それでは地方顧客の真の満足を得られないと考えて、地方ごとの趣味嗜好の違いを踏まえた代理選択を行っているという構図です。この投書のように、顧客の側には、さまざまな不満があったかもしれません。しかし、それでも、百貨店による通信販売は、このような微妙なバランスの上に成り立って急速に拡大し、通信販売業界のなかでも最大の担い手になっていったのです。

なぜ顧客は代理選択を受け入れたのか

現在の感覚からすると、そもそも代理選択という取引形態では、顧客を満足させることが難しく、ビジネスとして成り立ちにくいように思えます。返品や交換は、誂《あつら》え品などでなければ保証されていましたから、顧客にとっては、もし気に入らない商品であれば返品や交換も可能です。しかし、返品や交換が多発するような事態が生じていれば、店の側もその対応に追われてロスが大きく、やはりビジネスとしては成り立ちにくいと考えられます。代理選択による取引が、それなりにうまくいっていたと考えなくては、百貨店通販の成長は説明できません。代理選択は、なぜ受け入れられていったのでしょうか？

一つには、やはり百貨店が打ち出す流行の影響力が、とても大きかったのだと考えられます。ただし、その流行というのは、地方顧客にとっては、個々の商品というレベルでの流行というよりも、「百貨店は流行の中心である」という百貨店に対するイメージのレベルで受けとめられていたと思われます。だからこそ、「流行の中心である百貨店に選んでもらった商品なのだから間違いないはずだ」という形で、代理選択による取引が受け入れられたのでしょう。

また、どこまで自覚的かは別にして、嗜好の地域差を加味した商品選択に対して、地方顧客はそれなりに満足していたのだろうと思います。興味深いことに、百貨店の側も、代理選択の精度を高めるために、地域差に対応しうる態勢を整えていました。その代表的なものが、第1章でも触れた出張販売で、実は出張販売には通信販売を担当する店員が同行しています。通信販売の担当者にとって出張販売は、得意客への挨拶や顧客名簿の更新を行うとともに、嗜好の地域差を直接見て学ぶ絶好の機会でもありました。

さらに、地方顧客の側も、情報をめぐる環境の問題から代理選択による取引にそれなりの便利さを感じていたと考えられます。一九二〇年代以降には、次にみる婦人雑誌の役割が大きくなっていきましたが、それ以前には、都会の流行情報や商品の情報を詳細に伝えるような情報メディアは発達しておらず、遠くに住む顧客が商品を買おうとしても、簡単に情報を得ることができない状況にありました。

たとえば、一九〇〇〜一〇年頃には、百貨店のほかにも、新聞社代理部や専業通販会社が通信販売を行っていましたが、それらはカタログ販売以外に、「新聞広告に掲載された商品が、信用確実な良品であるかどうかを調べてほしい」「ある商品がほしいのだが、適当な店を代わりに選んで、そこから購入して送ってほしい」といった顧客の要望に応える業務を行っていました。地方顧客にとっては、店舗の情報でさえ自分ひとりで得ることは難しく、個別の商品に関する情報を集めることは、さらに難しい状況にあったと考えられます。

こうした環境のもとでは、豊富な品揃えを誇り、店のブランド・イメージが高い百貨店に、具体的な商品の選択を任せることが、地方顧客にとって便利だったと言えるでしょう。加えて、そもそも顧客が自分で商品を選ぶという買い物のスタイルが、それほど当たり前のものではなかったという事情も勘案する必要があります。

大都市呉服店が一八九〇年代後半から陳列販売を導入していったことは、第1章で紹介しました。陳列販売は、顧客が商品を手にとって自由に選ぶことを可能にした画期的な販売方法だったわけですが、地方への陳列販売の普及は一九二〇～三〇年代のことで、それまで地方顧客は、座売りや外商による売り買いのなか、自分ひとりで商品を選ぶという経験に乏しかったと考えられます。こうしたなかで、代理選択に基づく取引は、それまでの買い物のしかたに通じるものとして、無理なく受け入れられていったと考えられます。

婦人雑誌が一〇〇万部売れた時代

一方、一九二〇～三〇年代には、「実用派」と呼ばれるジャンルの婦人雑誌が、急速な発展を遂げていきました。衣食住・結婚・育児・教育・病気などに関わる家庭内の実用知識や、化粧・服飾の流行に関する情報、各種の体験談・告白・手記といった記事を中心としたジャンルです。なかでも、一九一七年に創刊された『主婦之友』は、そうした「実用派」婦人雑誌というジャンルを確立した代表誌で、多くの読者を獲得して婦人雑誌の発展を牽引していきました（図2－5）。

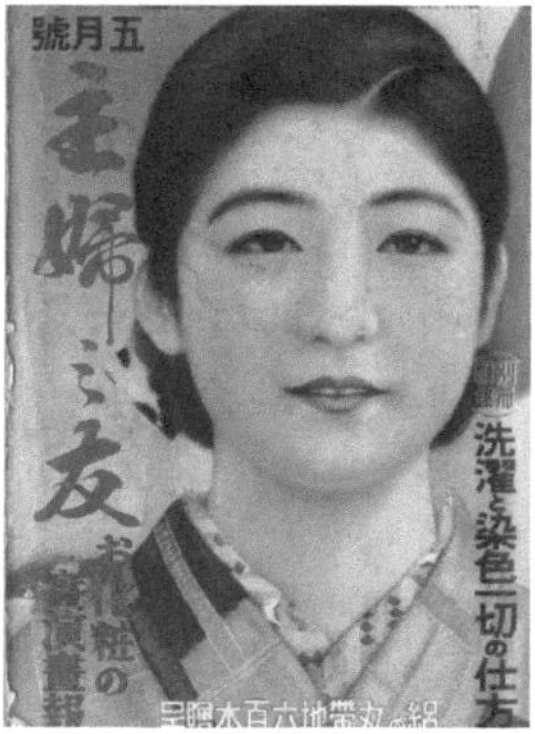

図2－5　『主婦之友』表紙（1932年5月号）

『主婦之友』の発行部数は、創刊号（一九一七年）の一万部から始まり、一九二〇年には早くも雑誌業界全体のなかで第一位の部数を記録、一九二四年には二三万〜二四万部を数え、一九三一年に六〇万部、一九三四年に一〇〇万部を突破し、一九三九〜四〇年頃には一六三万部にも達したと言われています。こうして『主婦之友』は、一九二七年に一二〇万部を記録した『キング』(一九二四年創刊)、一九三五年に一〇〇万部を突破した『家の光』(一九二五年創刊)とともに、戦前期を代表する大衆雑誌の一角を占めるに至ったのです。

誌名に表れているように、『主婦之友』は、家庭の主婦をターゲットにした雑誌でした。「はじめから中流家庭の下の主婦を目標として」「家庭を営んでいる婦人」の実生活に即した内容に焦点を合わせた編集方針のもとで、「小学校卒業程度の学力で理解できるほどの」「生活に密着した、所帯じみた、ヌカミソくさい」実用性を売り物にしていました(『主婦の友社の五十年』)。

実際の読者層をイメージするために、『主婦之友』の読者投稿による家計記事を集計した結果を見ると、一九一七年から三九年までの一四四世帯のうち、夫の職業は多い順に、専門職(二四・三%)、会社員(一八・一%)、官吏(一二・五%)、軍人(九・〇%)、工場労働者(六・三%)、農業(六・三%)、自営業(四・二%)、販売職(二・八%)となっています(木村涼子『〈主婦〉の誕生』)。

やはり、専門職・会社員・官吏といった都市の新中間層と呼ばれる世帯が多いことがわかりますが、一方で、自営業者や労働者が一定程度含まれている点も注目されるところです。ここに「大衆」雑誌としての性格が表れていると言えるでしょう。

では、なぜ、この時期に「実用派」婦人雑誌というジャンルが生まれ、『主婦之友』のような雑誌が部数を伸ばしたのでしょうか？　それは、主婦という女性のあり方が、日本において社会的な広がりを見せはじめたのがこの時期、つまり一九二〇～三〇年代のことだったからです。家族をめぐる歴史研究は、こうした「主婦の誕生」が、「近代家族」と呼ばれる新しい家族像と切り離せないものであったことを明らかにしています。

「近代家族」はどのように新しかったのか

ここで、少し長い寄り道になりますが、歴史的にみて「近代家族」はどのような意味で新しい家族像と言えるのか、という問題に立ち入って説明を加えておきたいと思います。というのも、こうした家族の問題は、ここでみる婦人雑誌だけに関わるものではなく、本書が注目する「消費」と「労働」とを結ぶ、いわば扇の要《かなめ》にある問題として、次章以下の議論においても重要な意味を持っているからです。

そもそも「近代家族」という言葉は、ヨーロッパの歴史研究のなかから、一九八〇年代に生み出された学術用語です。夫は一家を養う収入を得るために外へ働きに出て、妻は家庭を守るために家事と育児を一手に担うという性別役割分業のもとで、夫婦と親子が愛情に基づく情緒的な関係で結ばれ、もっぱら消費の単位としてプライベートな領域を形作っているような家族。このような、少なくとも一九八〇年代当時は「家族」と聞いて誰もが一様に思い浮かべたような家族のあり方が、実は「近代」に広がった新しい家族像だったということが発見されたのです。

今の感覚からすると、このような家族のあり方は、必ずしも当たり前のものではないと思います。厳しい経済状況のなかで、夫婦ともに働きに出なければ、日々の暮らしが成り立たないという家族も増えていますし、それ以前に結婚せずに、あるいは結婚できずに暮らしている人びとも決して少なくありません。その意味では、あくまでも今と地続きの「現代」ではなく、ひと昔前の「近代」の家族とみる必要があるでしょう。

そのうえで、日本の家族史の文脈からすると、江戸時代においては人口の八割が農民でしたから、「近代家族」に対置される「伝統家族」に関しては、農民家族にそのモデルを求めることができます。江戸時代の農家は、親子三代が同居する「直系家族」形態のもとで、他から人を雇わずに、家族労働力のみで営む小農経営を基調にしていました。「直系家族」というのは、拡大家族の一種ですが、傍系親族が同居しない形をとります。

日本の農家は長男単独相続を規範としていたので、それに即して具体的に説明すれば、親夫婦の子どものうち、跡取りとなる長男が妻を迎えて結婚すると、その他の兄弟姉妹は親元を離れなくてはならず、親夫婦と同居するのは長男夫婦だけになります。そして、長男夫婦に子どもが生まれれば、親子孫の三世代が同居することになるわけです。

こうした農民家族は、もちろん消費の単位でもありますが、それ以上に、農業という生産活動を行う経営体としての性格を色濃く持っています。それゆえに、家族メンバー間の関係も、情緒的な関係というよりも、経営体としての利害を共有しながら働くために、家長を頂点とした権威的な関係を取り結ぶことになります。

また、江戸時代であれば、消費においても自給自足によるところが大きかったので、そもそも生産労働と家事労働との区分が曖昧なうえ、女性も当然のように農業生産に従事しますし、家事や育児も、たとえば長男の妻だけが担っていたわけではなく、長男の母など複数のメンバーで分担していました。さらに、子どもであっても、もっぱら養育の対象となるわけではなく、いわば「小さな大人」として家業を支える貴重な労働力とみなされていました。

それに対して、日本の「近代家族」は、一九二〇～三〇年代に厚みを増してきた都市の新中間層の間で広がり始めました。働く場所と住む場所が別になるという職住分離が進み、夫の収入がそれだけで家族を養える水準に達することが、その成立の条件です。家族形態としては、夫婦とその子どものみから成る核家族で、家事や育児は妻が担うものとされ、家庭という場は、帰宅した夫が明日への英気を養い、子どもを大切に育て、一家団欒で余暇を満喫するといった形で、もっぱら消費の舞台となっていきました。

このように、「伝統家族」が生産の単位という性格を色濃く持っていたのに対して、「近代家族」の特徴は、家族がもっぱら消費の単位になっている点にあります。そして、消費の歴史という視点から見ても、「近代家族」は、「伝統家族」とは異なる新しい消費のあり方を実現した家族モデルであったと位置づけられます。

すなわち、広く生活に関わる価値観としては、江戸時代の半ば以降、勤勉と倹約を旨とする生活規律が、広く人びとの規範となっていきました。日本史研究では、この規範を「通俗道徳」と呼んでいます（安丸良夫『日本の近代化と民衆思想』）。「伝統家族」たる農民家族にとっては、代々受け継いできた土地を守り、家業を子々孫々まで継いでいくことが志向されており、常に家の没落と背中合わせにある経済状況のなかでは、倹約のレベルを超えた消費は、ただちに奢侈とみなされて否定的に捉えられる傾向にありました。

一方、実態のうえでは、民俗学でいう「ハレ」と「ケ」という世界観のなかで、日々の暮らしと、儀礼・祭り・年中行事などが画然と区別され、禁欲的でつつましい「ケ」の領域と、浪費的で放縦な「ハレ」の領域という二分法で捉えられる世界が広がっていました。興味深いことに、明治期以降に農業生産が拡大し、農家経済がそれなりの発展を遂げていくなかにあって、「伝統家族」は「ケ」の領域よりも「ハレ」の領域において、消費活動を活発にしていきました（安丸良夫『文明化の経験』）。日々の衣食住はそれほど変わらないのに、たとえば結婚式はどんどん豪華になっていったことが知られています。

そうしたなかで、第一次世界大戦（一九一四〜一八年）後になると、通俗道徳的な生活規律や民俗的な世界観とは異質の、全く新しい生活像が欧米から持ち込まれて、都市の新中間層の人びとの間に広がっていきました。衛生・栄養・健康・能率・科学などに基礎を置く「合理的」な生活像と、美容・流行・娯楽などに関わる「享楽的」な生活文化です。いずれも現在の目から見れば、何の変哲もない価値観ですが、これらが消費と結びつけられ、日々の暮らしを豊かなものにしていくことが、肯定的に受けとめられるようになっていったのです。

そして、こうした新しい生活像は、「近代家族」モデルと不可分なものでした。栄養を気にかけて手料理を作り、部屋を清潔に保って衛生環境を整え、子どもを含む家族の健康に気を配って、能率よく家事をこなして家族の消費と余暇を充実させる。そのような役割が主婦に期待され、家政を計画的に切り盛りする「良妻賢母」として称揚されていきます。妻がもっぱら消費に関わる領域を担当するという形で、いわば専従者を得た分だけ、家事や育児に関わる要求水準が上昇し、求められる役割が大きくなっていきました。

このような「良妻賢母」像からすると、「享楽的」な生活文化に関しては、無条件でそれを認めるような受けとめ方はされていませんでした。しかし、主婦である女性たちは、「身だしなみ」という一線を引いて「良妻賢母」としての建前を守りつつ、現実には美容や流行に関わる消費文化も積極的に享受していました。また、娯楽に関しても、一家団欒のための余暇活動であれば肯定的に受けとめられる傾向にあり、「健全」な娯楽という線引きのなかに置かれていきました。

さて、以上に見た歴史を背景として、『主婦之友』をはじめとした「実用派」婦人雑誌は発展を遂げていきます。主婦という女性のあり方が、新しく生み出されるなかで、彼女たちに必要な知識を提供し、あるべき主婦像を提示する役割を果たしていったわけです。そこには、「近代家族」が核家族であるために、家事や育児について親の手助けや助言を直接得ることができず、いわゆるハウツー物に頼る部分が大きかったという事情もあるでしょう。しかし、なぜ商業誌というメディアが必要とされたのかを考えれば、商品文化に関わる固有の機能が浮かび上がってきます。

たとえば、広告に注目してみると、「実用派」婦人雑誌は、広告収入によって雑誌の定価を低く抑えており、一九三〇年頃の例では、婦人雑誌普通号の原価が四二～四三銭のところを、取次店には三八〜三九銭で卸し、本屋での定価が五〇銭となっていました（内川芳美編『日本広告発達史　上』）。今の価値に直すと定価一〇〇円くらいといったところでしょうか。それだけ広告収入は重要なもので、特に「実用派」婦人雑誌は、他の雑誌ジャンルに比べても、圧倒的に多い広告件数を誇り、「一種の商品情報誌」として大きな役割を果たしていました（加藤敬子「大正期における婦人雑誌広告」）。

こうした婦人雑誌の性格からは、「主婦の誕生」とともに勃興した新たな消費文化が、新たな商品文化の展開を伴っていたことが見えてきます。新しい生活像を実現するためには、どのような商品をどう使えばよいのか、といった問題は、学校教育などでも十分に教えられないものであり、婦人雑誌という商業メディアが特に必要とされる領域でした。代理部による通信販売は、このような文脈のなかで隆盛を誇っていきます。

婦人雑誌の代理部が百貨店顔負けの存在に

『主婦之友』が代理部を設置したのは、創刊年である一九一七年の一〇月のことでした。雑誌社が代理部を設けて通信販売を行うことはすでに広く行われていたので、『主婦之友』もそれにならったものと考えられます。しかし、『主婦之友』は他誌とは水準を異にする形で、一九二〇年代以降に取扱商品を充実させていきました。

	総計	薬	家庭	美容	服飾	その他
1917年	9	1	8	0	0	0
1922年	116	38	37	31	4	6
1927年	195	68	44	40	29	14
1932年	545	70	178	190	71	36
1937年	195	47	35	30	52	31

（出所）『日本型大衆消費社会への胎動』197頁。
（注）「薬」には医療器具を含む。「家庭」は家事および育児用品（子供服関係は育児用品にカウント）。出版関係は除いた。

表2－2　『主婦之友』代理部の取扱商品数

表2－2は、『主婦之友』代理部の取扱商品数を五年ごとに整理したものです。これを見ると、一九三二年のピークが突出していますが、実は一年ごとに見ても一九三二年がピークとなっており、この年には「通信販売百貨店主婦之友代理部」という自称まで誌面に登場しています。しかし、翌年からはこの表現が姿を消し、誌面で紹介される商品数も減少していきました。

比較のために、他誌の代理部における取扱商品数を簡単に見ておくと、一九三二年における主要六誌（『婦人倶楽部』『主婦之友』『婦女界』『婦人公論』『婦人世界』『婦人画報』）の平均は一〇二点で、その内訳は、薬が六〇点、家庭用品が一一点、美容品が二八点、服飾品が三点となっていました。この年の『主婦之友』代理部は、急拡大を迎える直前で、表2－2で言えば一九二七年の水準を保っていたのですが、それでも『主婦之友』は他誌を大きく引き離していたことがわかります。

残念ながら、代理部の売り上げなどに関わる具体的なデータを得ることはできませんが、一九三〇年代に入ると、婦人雑誌代理部の隆盛が各所で報じられるようになりました。

たとえば、『実業界』一九三一年一〇月号には、片岡三郎「代理部を恐れよ」という記事が掲載され、そのなかで「デパートの地方進出と代理部の出現」が地方小売業界の新しい動向として紹介されています。

また、別の史料では、百貨店の拡張と中小小売商の対抗という「商業戦線に一箇の怪物が出現した。その名を代理部といふ」といった表現や、「何処の雑誌社でも代理部は財源の一つだ。何物よりも収入のある部だ。××之友だつて、××界の代理部だつて、下手な百貨店はだし」といった記述もみられ（園部毅「雑誌代理部御案内」『綜合ヂャーナリズム講座　第一〇巻』内外社、一九三一年）、婦人雑誌の代理部が、「下手な百貨店はだし」、つまり百貨店顔負けの存在となっていたと書かれています。

もともと『主婦之友』代理部は、買い物に不便な地方読者への便宜を図る目的で設置されたと言われており、ディスカウンターとして安売りを行おうとしていたわけではなく、実際に、安さを武器に成長していったわけではありません。しかし、では地方読者に便宜を図っていただけの意味しか持たなかったかと言えば、それも違います。順を追って説明していきましょう。

商品	価格	キーワード	掲載号
自働掃除器	6.50	「衛生と便利と時間の経済」	1920.10
衣類整理箪笥	60.00	「家事の能率をあげ、時間と労力を省き」、「外観もいくらか装飾的に」、「安価」	1920.10 1921.1
高圧鍋	12.50 18.00	「栄養と経済と味覚の鍋!!!」、「骨までが、豆腐のやうに軟かく煮えて、人体に最も必要なカルシューム分を、充分に摂取することのできる、重宝なお鍋」	1921.7 1932.5
プレベンダー歯刷子	0.25 ～0.45	「顔面の曲線美は歯列の状態によって」決まる、「歯の寿命は清潔にすればするほど長い」、「口腔衛生」、「子供の歯は母の注意一つ」	1921.11
火無焜炉	130.00	「能率の増進」、「便利」、「燃料の節約や時間の経済を考慮すれば」「非常に経済的」	1923.2 1923.3
洗濯機	13.50 14.50	在来の洗濯法は「非衛生」で「婦人病」の原因、「能率」、「時間と労力の経済」	1923.8
メーヤー厨炉（10号）	14.00	「生活改善諸事節約の時代!!」、「経済!!便利!!堅牢!!」、燃料節約、手数かからず、「清潔」	1924.1 1925.3
鮭缶（3缶1組）	0.80	「安価」、「栄養」、「蛋白質」、「カルシウム」、「滋養」、「調理が簡便で労力を省き、燃料を軽減」	1924.2
蜂蜜（1ポンド）	0.60	「美味しくて、滋養にもなれば薬効もある」	1925.6
白ハト洗石鹼	0.20	「日々につまれる洗濯物を、白く綺麗に洗ひ上げる」、「安価」	1925.10
食卓カヴァー	1.75 2.30	「蝿その他の虫のとまるのを防ぐ」「衛生的」、「洗濯もできるし、不用のときはたたんでしまへる便利なもの」	1926.7
石田冷蔵庫	21.00 ～195.00	「氷の消費量少く経費が節約」、「掃除の簡易」、「通風に留意」し「衛生的」、「低廉」	1927.6
お台所用食器洗石鹼	0.15	「凡ゆる食器類の洗浄用として作られた、衛生的な特別の石鹼です」	1929.11

（出所）『主婦之友』各号の広告および代理部案内欄より作成。
（注）価格は円、小数点以下は銭単位を示す。

表2－3　『主婦之友』代理部における家庭用品の事例

まず、代理部においては、料理、手芸、美容などに関する記事のなかで、具体的に紹介された商品が販売されており、雑誌記事と商品紹介が密接な連携を見せていました。先に述べたように、こうして、雑誌が提案する新しい生活モデルが、具体的な商品と結びつけられて提示されていた点に、婦人雑誌の大きな役割があったわけです。

表2－3には、『主婦之友』代理部が扱った家庭用品の事例を取り上げていますが、表の「キーワード」欄に示された商品紹介のキャッチコピーに注目すると、「衛生」「滋養」「栄養」「清潔」「能率」「経済」「便利」といった言葉が、さまざまな商品で繰り返し用いられていたことがわかります。これらはまさに、先述した新しい「合理的」な生活モデルを支える価値観でした。

ちなみに、表の商品のうち、「自働掃除器」も雑巾に柄をつけて立ったまま掃除ができるようにした単純なもので（次頁図2－6）、「洗濯機」は電動ではなく手で回すタイプのものでした（図2－7）。

また、「火無焜炉」というのは、あらかじめ熱しておいた石を熱源として煮炊きをするコンロのことで、手の空いた時間に下ごしらえをした鍋を入れておけば、あとは数時間放置しておくだけで料理ができあがる、という商品でした。今で言う「スロークッカー」のようなものですが、結局、代理部の取扱商品としては定着せず、まもなく誌面から消えていきました。おそらく価格の問題が一つのネックになったのでしょう。今の価値で言うと二六万円前後といったところですから、簡単に手が出せるものではありません。

あるいは、当時は新中間層のなかにも、家事使用人を雇う家庭がそれなりにあったので、家事労働を節約する設備を積極的に購入する必要がなかったとも考えられます。加えて、『主婦之友』の記事には、能率以上に勤勉を重視する主婦像が強く打ち出されており、主婦の家事労働が、どこまで突き詰めても終わりのない仕事として提示されていました（佐藤裕紀子『大正期における新中間層主婦の時間意識の形成』）。こうした家事労働観が広がるなかにあっては、労働を節約するための器具が必ずしも売れるとは限らず、しかもその価格が高ければなおさらであったと思われます。

図2−6　自働掃除器（『主婦之友』1920年10月号）

図2−7　洗濯機（『主婦之友』1923年8月号）

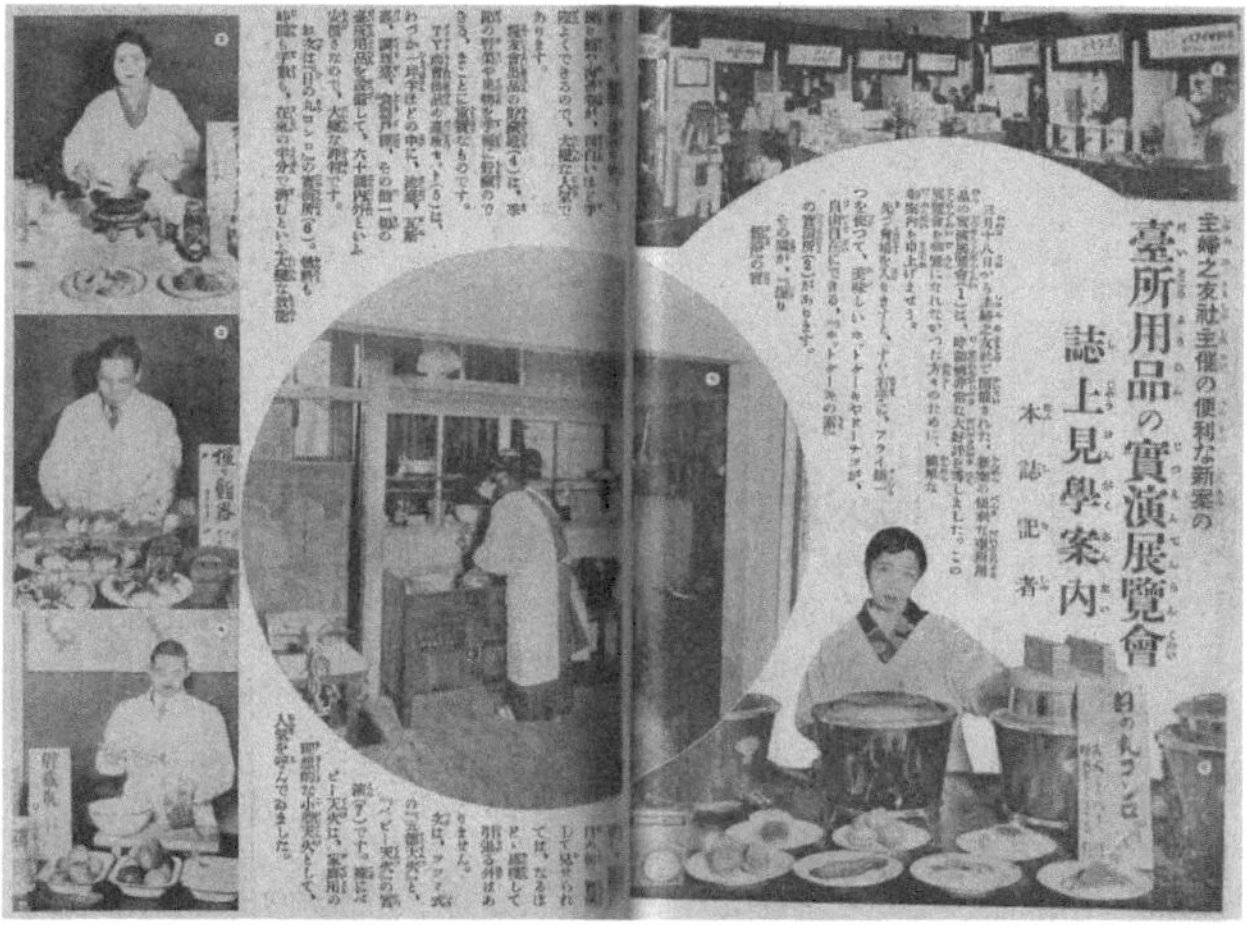

主婦之友社主催の便利な新案の
臺所用品の實演展覽會
誌上見學案内
本誌記者

図２－８　台所用品の実演展覧会（『主婦之友』1932年５月号）。展覧会の様子を紹介した記事。圧力鍋やコンロ、製麵器のほか、「ホットケーキの素」「握り鮨器」「アイスクリーム製造器」などを使った実演が行われたという。記事には、紹介した商品を主婦之友社代理部が取り次ぐ旨が記され、読者からの注文に応じて通信販売を行っていたことがわかる

逆に、手芸・編み物や料理など、手をかけようと思えばいくらでもかけられるような家事労働が、趣味のようなものと結びついて、どんどん拡大していく傾向が見られました。『主婦之友』では、手芸・編み物に関わるさまざまな読者参加型企画が打ち出され、代理部でも手芸用品の取り扱いが増えていきましたし、料理に関しても、「ドーナツ型」「ワッフル型」などの製菓道具や、製麵器、蒸籠《せいろ》、グラタン皿など、多様な調理器具が代理部で販売されており、主婦に期待される家庭料理のバリエーションが広がっていっ

た様子を垣間見ることができます（図2－8）。

新商品の流通網をひらく

さて、代理部の機能は、こうした単なる商品の紹介にとどまるものでもありませんでした。「広告の一部分に『代理部取次』『販売』又は『推奨』の文字を挿入すれば、その事物に対して『確実有効』の裏書を付したると同様で、読者に対して一種暗示的効果と信用とを与へ」ると言われるように（熨斗勝文「雑誌広告の取り方」『綜合ヂャーナリズム講座　第七巻』内外社、一九三一年）、代理部が「信頼の証」として一種のブランドになっていたことも重要なポイントです。

実際に、代理部の案内欄を見ると、有名メーカーの商品こそメーカー名が併記されていますが、ほとんどの商品には発売元や取扱業者名が記されておらず、雑誌のブランドで販売されていました。一方、広告欄からは、取扱業者の側が出稿した広告をみつけることもできますが、その場合には「代理部取り扱い」などの文言が併記されています。

このように、婦人雑誌の代理部は、誌面と連動しながら、商品の推奨機能を果たしていました。それだけに、婦人雑誌の側も、どの商品を代理部の取扱商品にするかという選定作業は慎重に行い、一部の化粧品を例外として、代理部はほぼ一品目につき一商品だけを取り扱うようにしていました。その結果、読者にとっては、雑誌が提案する新しい生活モデルを、どのような商品を使ってどう実現すればよいのかという問題に対して、婦人雑誌代理部が推奨する商品なら間違いない、という形で代理部を導きの糸にすることができたのです。

こうしたなかで、代理部の売れ筋商品は、全国の小売商店でも扱われるようになっていきました。たとえば、一九二九年に「栄養と育児の会」から発売された胃腸薬の「わかもと」は、創業者が『婦人倶楽部』の代理部に持ち込み、「のんで効いたらひとつ御誌の代理部であつかつて売つて下さい」と頼み込んだところ、効能が認められて代理部の取扱商品となったことで、全国に販路を拓くことができたと言われています（梶間正夫『売薬通信販売全書』誠文社、一九四一年）。

これを敷衍《ふえん》すれば、代理部の推奨機能は、新しい消費文化に伴う新たな商品文化を、全国に押し広げていく一種のテコになっていたとみることができるでしょう。

売れ筋の商品は全国の小売店頭に置かれるようになるため、代理部の売り上げは落ち込んでいくかもしれません。しかし、それは見方を変えると、既存の流通機構が、「主婦の誕生」に伴う新たな消費文化に対応すべく、再編を遂げていくプロセスにほかならないと言えます。新しい文化であるがゆえに、既存の流通業者がその価値に気づかなかったり、適切な販売促進策を打ち出せなかったような商品群に対して、婦人雑誌代理部は、その販路を切り拓くテコとしての歴史的役割を果たしたのです。

大局的にみれば、先に八八頁にあげた図2－1が示す通り、婦人雑誌代理部の急成長が、一九二〇年代半ば以降における通信販売業界全体の停滞局面を塗り替えられない範囲にとどまっていたことは、代理部の通信販売そのものの拡大には限界があって、むしろそうしたテコとしての歴史的役割が大きかったことを物語っているように思われます。逆にいえば、その人気に気づいた店舗小売業が速やかに発展していったことにこそ注目すべきだという理解につながります。その具体的な姿は、次章のなかで見ていきましょう。

第3章

商店街
——「商店街はさびれるのか?」を問い直す

商店街と「まちづくり」

いよいよ本書の主役である商店街を取り上げましょう。

最初に図3－1をご覧下さい。これは、東京都民を対象として二〇一一年一〇月に行われた、商店街に関する意識調査の結果です（http://www.toshinren.or.jp/resource/reserch-2012-03.pdf）。調査は、「商店街がなくなるとどうなるのか？」というテーマで、東京都商店街振興組合連合会がインターネットを使って行ったものです。商店関係者を除く三〇～七九歳の個人のうち、「買い物に商店街をどのくらい使うか」の問いに、「よく使う」「まあ使う」と答えた三〇〇名（男性一〇〇名、女性二〇〇名）が対象となっています。

図にある通り、「商店街はなくなっても問題ないか？」との問いに対して、「なくなってもよい」は三・七％とごく少数に止まり、「なくならないほうがよい」が八四・七％と圧倒的多数に上っています。もちろん、調査対象が商店街を使う人に限定されていますから、年齢の点も含めて、もともと偏りのあるサンプルであることに注意しなければなりません。それを踏まえたうえで、ここで注目したいのは、調査結果の全体から浮かび上がってくる商店街の現状についてです。

調査項目のなかで、「商店街がなくならないほうがよいと思う理由」のフリーアンサー

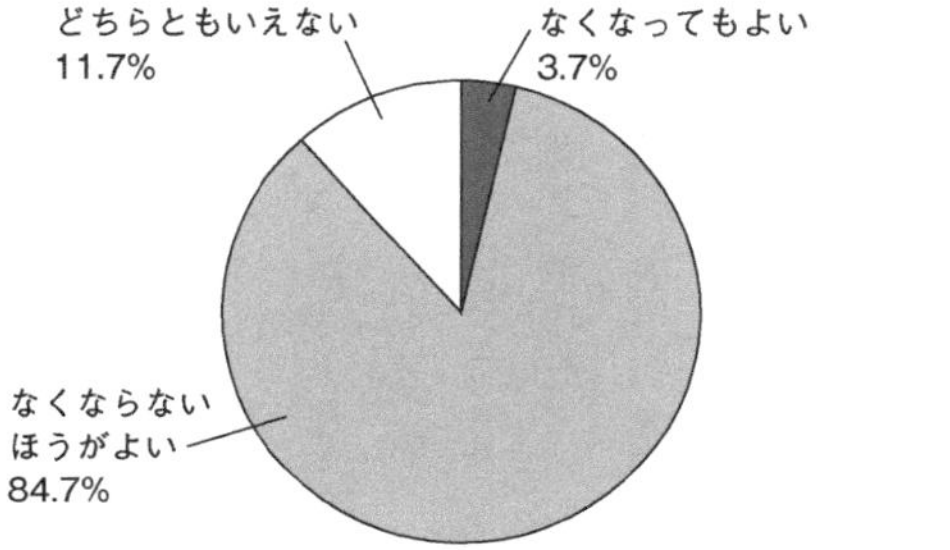

（出所）『「商店街がなくなるとどうなるのか？」東京都民の意識調査結果報告書』東京都商店街振興組合連合会、2012年より作成。

図３－１　「商店街はなくなっても問題ないか？」という問いへの答え

を分類すると、「地域の活気・活性化のため」（一八・五％）、「地域の人々の交流・コミュニケーション」（一六・五％）、「地元・地域の結びつきのため」（五・九％）という記述が多くなっています。また、「商店街がなくなると困ること」のフリーアンサーについても、「活気がなくなる」（一五・〇％）、「寂しい」（一一・三％）、「人とのつながり、交流がなくなる」（一一・〇％）といった「情緒的なこと」を指摘する記述が多いという結果を得ています。

　一方で、「商店街がなくなっても、スーパーがあるので困ることはないか？」との問いには、「困ることはない」が四八・〇％と多数派を占めており、「困ることがある」は二三・四％に止まっています。調査対象が商店街を使う人に限定され、そのほとんどが「商店街はなくならないほうがよい」と考えているのに、買い物に関してはスーパーがあれば商店街はいらない、という回答が多数派を占めているのです。

こうした商店街に対する意識は、プロローグで紹介した大学生の姿にぴったりと重なります。彼ら・彼女らは、普段から商店街を利用していない若者ですから、この調査の対象からは、ちょうど外れている人たちということになります。賑わいやコミュニティの面からは商店街の存続を強く願いつつも、消費者としてモノを買う立場からは商店街を選ばない、という姿は、多くの人びとに広く見られる一般的な態度といってよいでしょう。

そして、このような態度は、現在の流通政策が直面する課題を物語っています。二〇〇〇年以降、流通政策の分野では、都市計画との連携のもと、中小小売商を「まちづくり」、すなわちコミュニティ形成の担い手として位置づける形で、商店街の活性化を図ろうとしてきました。

実際に、そうした流通政策のもとで、商店街のさまざまな取り組みが活性化したことは間違いありません。空き店舗を活用したコミュニティ・スペースの設置、地域の歴史・文化資源の掘り起こし、市《いち》や祭りなどのイベントの実施、アートとの連携、ゆるキャラの創作、ポイントカード・地域通貨・スタンプの発行、子育ておよび高齢者の支援、大学との連携、一店逸品運動（各店独自のサービスや商品を提供）やチャレンジ・ショップ（空き店舗を起業者に期間限定で格安に賃貸する創業支援）の展開など、たしかに「まちづくり」の取り組みは広がっています（中小企業庁編『がんばる商店街77選』二〇〇六年、『新・がんばる商店街77選』二〇〇九年など）。

しかし、そうした「まちづくり」の取り組みが、買い物の場としての商店街の利用に、必ずしもつながっていないのが現状です。先に紹介した調査結果の報告書のなかで、東京都商店街振興組合連合会は、「商店街の地域貢献、社会貢献は商店街の価値としては2次的」なもので、「商店街が生き残り、再燃していくためには、個店の売上UPが必須」であると述べています。そのうえで、「利用者が『商店街に買い物に行く』と意識するように、『購買店としての魅力』、『そこで買うことの良さがあるから行こうという求心力』を築かなければならない」と指摘しています。

さて、この章では、こうした商店街の現状を踏まえつつ、日本において商店街が成立し、発展を遂げていったプロセスを見ていくことにします。調査結果にあるような「スーパーがあれば商店街はいらない」という現状が、当たり前のように成立したわけではありません。「まちづくり」をめぐる流通政策の課題が明らかになった今だからこそ、「商店街はなぜ発展したのか？」と歴史に問いかけることで、見えてくるものがあるように思います。

そもそも商店街とは何か？

具体的な歴史を見ていく前に、商店街の特徴を整理しておきましょう。

プロローグのなかで、「商業集積」という言葉を使いました。「商業集積」とは、「小売業の機能が集まり、消費者の買い物場所が集中している場所」という意味です。商店街は、小売市場《いちば》、ショッピングセンター、駅ビル、アウトレットモールなどと並び、商業集積の一種であると言うことができます。

商業集積は、異なる業種の店が集まることで、ワンストップ・ショッピングの利便性を提供したり、同じ業種の店が複数存在することで、商品や価格の比較を容易にしたりするメリットを持っています。そうしたメリットを通じて、より多くの顧客を集めて小規模分散性という小売業の制約条件を乗り越えていったわけです。

ただし、商店街を捉えるにあたっては、「場所」だけでなく、「組織」という側面をみることも重要です。

たとえば、現状の代表的な実態調査である、中小企業庁による「商店街実態調査報告書」を見ると、「商店街」は、「①小売業、サービス業等を営む者の店舗等が主体となって街区を形成し、②これらが何らかの組織（例えば○○商店街振興組合、○○商店会等で法人格の有無およびその種類を問わない。）を形成しているもの」と定義されています（二〇一二年度版)。

この定義には、①の「場所」に関わる要件とともに、②として「組織」に関する要件が挙げられています。実際問題としては、「場所」と「組織」が必ずしも一致しない例も多く、「場所」としてはひとまとまりに見える商店街のなかに、たとえば通りごとに異なる「組織」が作られている場合もあります。特に、商店街の数を問題にする際には、「場所」と「組織」の関係に注意しなくてはなりません。

そのうえで、同調査は、商店街を以下の四つのタイプに区分しています。

①近隣型商店街：最寄り品中心の商店街で地元主婦が日用品を徒歩又は自転車などにより買い物を行う商店街
②地域型商店街：最寄り品及び買回り品が混在する商店街で、近隣型商店街よりもやや広い範囲であることから、徒歩、自転車、バス等で来街する商店街
③広域型商店街：百貨店、量販店を含む大型店があり、最寄り品より買回り品が多い商店街
④超広域型商店街：百貨店、量販店を含む大型店があり、有名専門店、高級専門店を中心に構成され、遠距離から来街する商店街

この調査では、そもそも何店舗以上あれば「商店街」と言えるのか、あるいは、何店舗以上ならどのタイプなのか、といった数による定義は採用されていません。現実の実態に迫るには、こうした柔軟な定義とタイプ分けが有効であると思います。

ちなみに、二〇一二年の実態調査によれば、一商店街あたりの平均店舗数（空き店舗を含む）は、全体で五二・九店で、タイプ別に見ると、近隣型が四三・〇店、地域型が六一・八店、広域型が八二・四店、超広域型が一四〇・四店となっており、一～一九店舗からなる商店街の数も、全体の二一・二％に上っています。また、タイプ別に見た商店街数の構成比は、近隣型が五七・二％、地域型が三〇・三％、広域型が五・八％、超広域型が一・八％（その他は不明）というように、近隣型と地域型で全体の九割弱を占めています。

ですから、商店街といえば、日々の買い物に利用する場というイメージで捉えておけばよいということになります。逆にいうと、広域型商店街や超広域型商店街の方が、少しイメージしにくいかもしれません。超広域型商店街の例としては、東京だと新宿駅前や銀座、大阪だと梅田や心斎橋のようなエリアを指しますので、利用する側からみても、そもそも商店街という認識が薄いようなものが含まれています。

ところで、そもそも商店街は、個々の小売業者が自由な活動を行うなかから、結果的に特定の「場所」に商店が集まる形で、いわば自然発生的に形成されるものです。たしかに、商店街には組合や商店会などの「組織」は結成されますが、それはあくまでも、個々の独立した商店が、対等な関係のもとにまとまっているだけで、商店街組織には、それほど大きい権限はありません。それぞれの商店についても、たまたま同じ場所に立地しているというだけで、業種や規模から、経営の意欲、能力、資源に至るまで、大きなばらつきが見られるのが普通です。

つまり、商店街というものは、「組織」としての活動があまり得意ではなく、利害の調整が難しい性質をもっています。このことは、商店街の盛衰が、協調に基づく計画的な管理・運営よりも、競争という原理に大きく左右されることを意味しています。個々の小売業者が、自分の店の利益を最大化するべく競争を展開することが、結果的に、商店街全体の魅力を高めたり、あるいは逆に、魅力の乏しいものにしたりするのです。

商業論・流通論においては、こうした競争を通じて、うまくいく局面を「拡大均衡モード」、うまくいかなくなる局面を「縮小均衡モード」と呼び、商店街の盛衰をもたらすメカニズムについて、次のように整理しています（加藤司「『所縁型』商店街組織のマネジメント」）。

たとえば、人通りが多い立地には、自然と店舗が集まってきます。すると、店舗間の競争が激しくなりますが、やがて価格だけの競争には限界が訪れるので、商品やサービスの差別化を図る形で非価格競争が生じることになります。魚屋を例にとると、定番品を安くし続けても店の経営が苦しくなる一方なので、A店はマグロに力を入れ、B店は近海物を充実させようとする、といった差別化が起こるわけです。

これは結果として、商店街全体として見ると、多様で豊富な品揃えを実現することになるため、さらに多くの消費者を惹きつけることになって、そのことがさらなる小売店の出店を促すこととなります。すると競争がさらに激化して……、という形でどんどん好循環が起こります。この好循環が続く局面が「拡大均衡モード」です。

逆に、たとえば郊外に大型店が出店するなどして、街や店に来る客が減ると、事業意欲を失う店舗が出てきて、商店街全体の足並みが乱れます。同時に、意欲的な店舗は売り上げの拡大を図るなかで、売れ筋や定番の商品に絞り込む動きをみせるがゆえに、各店が無難で似通った品揃えになってしまうという問題も起こります。魚屋の例で言えば、近海物ばかり扱っていても、それだけでは店の経営が苦しくなるばかりなので、定番品を充実させようとするわけです。

これは結果として、商店街全体としてみると、魅力の乏しい品揃えになってしまうことにつながるので、客足がさらに遠のき、空き店舗も生じてしまい、ワンストップ・ショッピングの利便性も提供できなくなります。するとさらに消費者が足を運ばなくなり、さらなる空き店舗の発生につながり……、という形でどんどん悪循環にはまってしまいます。この悪循環が続いてしまう局面が「縮小均衡モード」ということです。

このように、商店街の盛衰が、競争原理に大きく左右されるのに対し、同じ商業集積のなかでも、たとえばショッピングセンターにおいては、計画的な管理・運営が大きな役割を果たしています。ショッピングセンターに比べると、商店街においては、ひとたび「縮小均衡モード」に入ってしまった場合に立て直しが難しい反面、「拡大均衡モード」に入ったときの柔軟な対応には目を見張るものがあります。この柔軟性こそが、商店街の特長と言えるものです。

一九三〇年代の商店街

さて、歴史に目を向けると、日本における商店街の起源については、平安京の町割に由来する例や、江戸時代の城下町、宿場町、門前町などに求めることもできますが、単に店が集まっている「場所」というだけではなく、それを「商店街」というひとつの買い物空間として認識する見方が成立し、商店街としての「組織」による活動が広がったのは、一九二〇年代から三〇年代にかけてのことでした（新雅史『商店街はなぜ滅びるのか』）。

	計	内　訳	商店街立地店数
北海道	9	旭川市3、札幌市1、小樽市4、函館市1	810
東北	23	弘前市1、秋田市2、盛岡市3、酒田市2、鶴岡市3、山形市1、仙台市9、福島市1、郡山市1	2,607
関東	46	東京市17、八王子市1、横浜市6、横須賀市11、宇都宮市1、栃木町1、前橋市5、高崎市3、水戸市1	5,127
東山	24	長野市1、上田市9、松本市1、甲府市3、岐阜市6、大垣市4	1,617
北陸	15	新潟市3、長岡市3、高田市1、直江津町2、富山市1、高岡市1、金沢市4、敦賀町1	1,810
東海	28	清水市1、静岡市2、浜松市3、豊橋市4、岡崎市8、名古屋市4、一宮市1、半田町1、津市3、宇治山田市1	1,905
近畿	38	大津市2、大阪市13、京都市8、神戸市11、明石市2、姫路市2	5,748
中国	28	鳥取市3、松江市1、岡山市1、福山市2、尾道市2、広島市7、呉市2、宇部市4、下関市5、米子市1	2,689
四国	14	徳島市4、松山市2、宇和島市5、高知市3	1,025
九州	57	門司市4、小倉市1、戸畑市4、八幡市1、若松市1、直方市3、飯塚市5、福岡市3、久留米市1、大牟田市1、佐世保市1、長崎市5、中津市5、別府市4、大分市3、熊本市4、延岡市4、宮崎市4、都城市1、鹿児島市2	5,107
沖縄	7	那覇市7	280
合計	289		28,725

(出所)『日本型大衆消費社会への胎動』407頁。
(注) あくまでサンプルであり、これが当時の商店街数の全貌を示すわけではない。

表3−1 「全国商店街調査」の調査サンプル数(1935年末時点)

では、一九三〇年代の時点で、どのくらいの数の商店街が全国に展開していたのでしょうか。残念ながら、この問題をきちんと明らかにできる資料はないので、いくつかの断片的なデータをつなぎ合わせて推定してみることにしましょう。

まずは、表3－1をご覧下さい。この表は、商工省の委嘱によって、全国八七都市の商工会議所が一九三五年末時点の商店街を調査した資料から作成したものです。資料の性格上、そもそも調査対象が商工会議所の所在都市に限られるうえに、各都市における調査も、全数調査ではなくサンプル調査なので、ここに示される商店街の数というのは、全体のごく一部の数字でしかありません。当時の商店街を網羅したものでは全くないという点には、くれぐれもご注意下さい。

この表が示すのは、商店街という「場所」の数です。ここからは、各地方にまんべんなく商店街が存在していたことがうかがえますし、「内訳」の欄を見ると、大都市や中核的な地方都市だけではなく、当時の人口三万〜五万人台の中都市（山形県酒田市、同鶴岡市、福島県郡山市、東京府八王子市、長野県上田市、岐阜県大垣市、新潟県高田市、愛知県一宮市、三重県宇治山田市、兵庫県明石市、広島県尾道市、鳥取県米子市、愛媛県宇和島市、福岡県直方市、同飯塚市、大分県中津市、宮崎県都城市）や、人口一万〜二万人台の小都市（新潟県中頸城郡直江津町、福井県敦賀郡敦賀町、愛知県知多郡半田町）にまで広がっていたことがわかります。

	判明する戦前の最盛時			連盟設立	備考
	会数	商店数	年次		
東京府	356	—	1935年	1931年6月	連盟加入のみ
東京市	650	34,354	1936年	—	うち連盟未加入320会
大阪府	90	8,000	1933年	1932年8月	連盟加入のみ
大阪市	309	20,055	1940年	1938年2月	連盟加入のみ
神戸市	82	3,624	創立時	1935年10月	連盟加入のみ
福島市	14	686	1938年	—	連盟加入か否かは不明
金沢市	35	—	1942年	1934年9月	連盟加入のみ
宇部市	19	—	1941年	—	連盟加入のみ
川崎市	21	—	1938年	—	連盟加入か否かは不明

（出所）『東京市産業関係団体便覧』（1935年）69頁。『商店会名簿』（東京商工会議所商工相談所、1936年12月現在、東京商工会議所関係資料収録）。『大阪朝日新聞』1933年1月21日付。大阪市産業部編『大阪市産業部事業要覧』（1940年）105-106頁。『神戸又新日報』1935年10月24日付。『福島商工人名録』（1938年版）152-153頁。『金沢商工会議所五十年史』（1942年）616頁。『宇部商工案内』（宇部商工会議所、1941年）6-7頁。『川崎市商工案内』（川崎市商工協会、1938年）229頁。

表３－２　商店会連盟を中心とする商店会数と加盟商店数

また、表には示していませんが、この調査は、商店街の「組織」についても調べています。それによると、表に挙げた二八九という「場所」のうち、「組織」を持たない商店街は三六のみで、残りの二五三については、大きな商店街になると通りごとに別の組織を持つ例も多いため、全部で三八八の商店街組織を数えることができます。そして、そのうち、一九二〇年以降に設立されたものが三一〇で、全体のおよそ八割にも上ります。やはり一九二〇〜三〇年代に一つの画期があるのは間違いありません。

次に、表３－２を見て下さい。この表は、判明する限りで、「商店会」の数を集めてみたものです。「商店会」というのは、商店街組織の一種ですから、この表が示すのは、「組織」の数です。

第1章で紹介したように、反百貨店運動が高まるなかで、一九三一年に東京府商工課が府内の商店会を糾合して「東京府商店会連盟」を組織し、全国的な組織化を呼びかけるなかで、商店会は急速に数を増やしていきました。この表を見ると、たとえば、大阪では、一九三三年に大阪府全体で九〇だったものが、一九四〇年には大阪市だけで三〇九もの商店会を数えるに至っていますから、先の表3－1の調査時点である一九三五年をまたぐ形で、一九三〇年代にも商店街の組織化が進展していたことがうかがえます。

そして、特筆すべきは、商店街組織の数の多さです。たとえば、表3－1では、東京市について一七の商店街が調査対象となり、四五の商店街組織を数えることができますが、この表3－2によると、一年の差というそれほど違わない時期に、東京市全体で実に六五〇もの商店会が存在していたことを確認できます。もちろん断片的なデータからの推測にすぎませんが、二つの表を対照させてみると、戦前の段階で、全国に少なく見積もっても一〇〇〇以上、おそらく数千に上る商店街「組織」が存立していたとみることができます。

戦後の商店街史

プロローグでは、日本と同様に、韓国や台湾も、中小小売商が数多く展開していたことを紹介しました。ただし、韓国や台湾の場合には、それが市場という商業集積を形づくっており、商店街が主流であった日本とは異なっていることも、あわせて確認した通りです。しかし、日本の歴史においても、ある時期に急拡大した市場がありました。敗戦直後に広がったヤミ市です。ヤミ市の盛衰からは、日本において商店街型の商業集積が大きな位置を占めていたことが、逆によく見えてくると思います。戦時統制からの流れを概説しておきましょう。

一九三七年には日中戦争がはじまり、戦時経済統制が敷かれていきます。その一環として、価格統制が開始され、切符制が導入されると、小売商人は、自律的な商業機能を奪われていきました。加えて、戦時の配給機構は、業種ごとに整備が進められたため、さまざまな業種からなる商店街というまとまりが考慮されず、配給機能を満足に果たせなくなっていきます。一九四二〜四三年には「根こそぎ動員」と呼ばれる軍需部門への労働力動員が本格化し、商店街は文字通り壊滅状態に陥りました。

敗戦後もしばらくは流通統制が敷かれていました。戦時経済の崩壊によって、食料をはじめ物資そのものが不足するなか、機能不全に陥っていた配給機構の枠の外で、全国各地にヤミ市が急速に広がっていきます。そこで露天商を営む者のなかには、仕事を失った労働者や、戦災に遭った遺族、復員兵や引揚者が、なけなしの家財や買い出しで入手した食料などを持ち込んで開業する例が多く見られました（橋本健二・初田香成編著『盛り場はヤミ市から生まれた』）。

その名の通り、ヤミ市は闇の存在として非合法な施設であり、取り締まりの対象でした。しかし、実際にヤミ市が姿を消したのは、商業復興が進んだ一九五〇年前後のことです。ヤミ市の広範な展開は、結局、小売市場というものを日本に広げることにつながらなかったと言えます。商業復興が商店街を中心に進んだことは、戦前期における商店街の広がりを抜きに理解できないと言っても過言ではありません。やはり日本型流通の主役は商店街なのです。

その後、高度経済成長を経た一九七〇年代初頭においては、『環境変動下における商店街』（全国商店街振興組合連合会、一九七三年）という調査資料によれば、「組織」ベースで、全国に一万二六二一の商店街が存在していました。この調査は、商店街が組織化された時期についても調べていて、一九三五年以前が四・五%、一九三六〜四五年が二・〇%、一九四六〜五五年が三八・一%、一九五六〜六五年が三二・五%、一九六六年以降が一一・八%という結果を得ています（田中道雄『商店街経営の研究』）。戦後に商店街が本格的な発展を遂げていったことは、間違いありません。

また、ここから計算すると、一九四五年以前に組織化された商店街は、合計八二〇となり、先に私が示した「少なく見積もっても一〇〇〇以上、おそらく数千」という戦前の推定数よりも少なくなっています。一つには、この一九七三年の調査が、その時点で存在する商店街組織の成立時期を調べたものであるため、同じ場所に立地する商店街に、戦前の時点で商店街組織が存在していたとしても、系譜的に途中で切れていればカウントされていなかった可能性を指摘できます。

というのも、そこには戦争の影響を想定できるからです。先述した戦時期の状況からは、戦争の前後で商店街組織の系譜がいったん途切れたという想定も、十分に成り立つことがわかるでしょう。詳しくは研究の進展を待つしかありませんが、「少なく見積もっても一〇〇〇以上、おそらく数千」という戦前の推定数を、この資料だけから過大だと評価することは難しいと思います。

続いて、一九七〇年代から現在に至る商店街の趨勢については、先に触れた「商店街実態調査報告書」から一つのイメージを描くことができます。この調査は、全国の商店街を対象として一九七〇年に開始され、二〇一二年の調査で一一回を数えるものです。これによれば、景況感を尋ねた項目のなかで、「繁栄している」と回答する商店街の割合が、一九七〇年には三九・五％であったのに対して、一九八五年には一一・一％、一九九〇年には八・五％へと減少し、九〇年代半ば以降は二％前後というさらに低い水準で推移しています。さらに、最新の二〇一二年の調査では、一・〇％という低迷ぶりです。

以上をまとめると、日本の商店街は、一九二〇〜三〇年代に、おそらく数千に上る組織の広がりをもって全国各地に成立し、戦時経済統制に伴う壊滅状態を経た後、一九五〇〜六〇年代にかけて、戦前を超える広がりを見せながら発展を遂げ、一九七〇年代に至るまでの繁栄の時代を謳歌していました。その後、一九八〇年代半ばには衰退傾向が明確なものとなり、現在に至るまで、多くの商店街がシャッター街となっていったのです。

それでは、商店街の成立と発展について、立ち入ってみていくことにしましょう。

行商から店舗へ

本書をここまで読む限りでは意外かもしれませんが、商店街が成立した一九二〇〜三〇年代は、小売業というものが、はっきりと店舗商業の世界になった時期と重なっていました。店舗を構えることは、小売商人が「まち」に目を向け、商店街というまとまりを意識するようになる前提として位置づけられます。以下では、商店街の発展を考える前提として、店舗小売業が主流になっていくプロセスと、そのことが持つ意味を見ていきたいと思

図3－2　明治期の店舗商業と行商人（『熊本商家繁盛図録』1886年）（復刻版：青潮社、1984年）。「履物卸商　市原屋」という暖簾の手前に、天秤棒を担いだ行商人とおぼしき人物が描かれている

います。

第1章では、百貨店の前身の一つが呉服店で、江戸時代の大都市には、三井越後屋をはじめとする「大店《おおだな》」が成立していたことを紹介しました。それだけを取り上げると、江戸時代から店舗を構える形が主流であったかのように思えるかもしれませんが、実は違います。食品をはじめとする日用品の分野を中心として、店舗を構えずに、商品を運んで売り歩く行商人が数多く存在していました。天秤棒を振り担ぐその姿から、江戸時代には「振売《ふりうり》」や「棒手振《ぼてふり》（棒手売）」と呼ばれていました。

そのような状況は、明治時代に入ってからもしばらく続きます。図3－2をご覧下さい。これは、熊本旧城下町の商家を描いた版画図録の一枚で、一八八六（明治一九）年に出版されたものです。図には「履物卸商　市原屋」の店舗が描かれていますが、ここで注目してほしいのは、右手前の暖簾付近に、行商人とおぼしき天秤棒を担いだ人物が描き込まれている点です。明治期の都市部においても、こうした行商人が当たり前のように存在していたことが推察されます。

では、明治期に行商人がどれくらいの割合を占めていたのかというと、統計を得られる広島県の例では（梅村又次「商業と商業統計」）、一八九六（明治二九）年の時点で、小売商総戸数のうち、常設店舗商の割合が三八・二％であったのに対し、行商が六〇・三％にも上り、露天商が一・六％となっていました。明治の後半という時期になっても、行商が小売業の中心だったのです。

ちなみに、広島市に限って同じ統計を見ると、常設店舗商が六六・九％、行商が二七・五％、露天商が五・六％となっています。常設店舗商の割合が最も高くなってはいますが、それでも行商が四分の一以上を占めていたことが注目されます。

残念ながら、その後の細かな時系列的変化を追跡できる資料は得られませんが、一九三九（昭和一四）年の統計によれば、広島県の小売商総軒数に占める露店・行商の割合は、あわせても、わずか九・〇％にすぎない状況へと変化しています（『昭和一四年臨時国勢調査結果表』）。明治後期から昭和初期までの間に、「行商から店舗へ」という小売業の大きな変化があったと言ってよいでしょう。

こうした「行商から店舗へ」という小売業の変化は、店舗小売業が当たり前になった今の感覚からすると、とりたてて言うほどのことでもないように思えるかもしれません。しかし、この変化は、小売革新と呼ぶに値する意味を持っています。行商と店舗小売業を比較してみましょう。

まず、行商の場合は、商人が移動しながら販売を行うので、一度取り引きした商人と客とが、いつ、どこで、どのように再会できるかがきちんと決まっていません。客の側からみると、行商人が出向いて来てくれないことには、再び会うことができないわけですから、主導権は行商人の側にあります。すると、行商人としては、粗悪品を高値で売りつけるといった詐欺的な不正を行っても、売りつけた客と再び会わないように、逃げてしまえば済みますし、各地を転々としながら同じ不正を別の客に行うことも簡単にできます。

もちろん、すべての行商人が不正を行うと言いたいのではありません。行商というのは、その性格上、不正が起こりやすい営業形態であるというところがポイントなのです。

それに対して、店舗小売業の場合には、商人が店舗を構えて動かないので、客がいつでも店舗へ出向けば商人に会えますし、モノの売り買いが繰り返し行われやすくなります。また、店の評判が周りに広まりやすいので、ひとたび不正を行えば、評判を聞きつけた近隣の人びとが買いに来てくれなくなり、ただちに店の経営が苦しくなってしまいます。

つまり、店舗小売業というのは、行商に比べると、商人と客との間に信頼関係が形成されやすく、客の側も安心して買い物しやすい営業形態であると言えます。

別の言い方をすると、店舗小売業においては、詐欺的な不正取引におびえて客が買い物を控えるようなことが起こりにくいので、行商に比べると、よりいっそう活発な取引が展開されることになります。「行商から店舗へ」という変化は、このような意味で、ひとつの小売革新と評価することができるわけです。

地域のなかで

さて、常設店舗を構えるということは、文字通り、その地に根を下ろすということでもあります。したがって、「行商から店舗へ」という変化は、小売商人が「まち」に目を向ける契機にもなりました。少なくとも戦後の高度成長期までは、住居と店舗が一体となった小売商店が主流だったので、商人にとっては、「まち」との関係がいっそう緊密なものとなっていきます。そうしたなかで、商人と客との間の信頼関係は、地域というまとまりのなかで形成されていきました。

実際のところ、一九二〇〜三〇年代の都市化が進んだ頃から、戦後の高度成長期に至るまで、まちの小売商人は、町内会や自治会の活動を中心となって支え、祭りがあればお金と労力を率先して提供し、地域の政治課題にも熱心に取り組むといった形で、地域社会におけるコミュニティ形成を積極的に担っていったことが知られています（玉野和志『東京のローカル・コミュニティ』）。商店街としての組織的な活動も、こうしたなかで活発に展開されていきました。

論理的に捉えてみると、そもそも商店街は、「組織」としての活動があまり得意ではなく、利害の調整が難しい面を持っていることはすでに説明しました。そうだとすると、商店街活動が活発になった事実の背景に、何か特筆すべき歴史的な条件があったのではないか、という問いを立ててみる必要がありそうです。ここでは、以下の二点を指摘しておきたいと思います。

第一に、地域コミュニティへの意識が、特に高まる条件があったと想定できます。近現代の日本を通観すると、一九二〇～三〇年代という時期は、都市化が目立って進んだいわば「第一の波」で、戦後の高度成長期は、さらなる都市化が進んだ「第二の波」にあたります。それぞれ、農村から多くの人びとが都市へ流入し、新たなコミュニティが続々と形成されていった時期です。こうしたなかで、多くの小売商人も、新たなコミュニティ形成を担う、いわば第一世代であるがゆえに、特に「まちづくり」への意識を高く持っていたと考えられます。

加えて、戦争の影響も、こうした文脈において固有の意味を持っていたと言えるかもしれません。少し飛躍しますが、先の東日本大震災からの復興過程において、経済復興という問題だけでなく、地域コミュニティの再生という課題が、特に重要な位置を占めてきました。復興に向けた「まちづくり」という困難な課題に対して、多くの人びとが立ち上がり、さまざまな活動が展開されています。こうした現状から類推すると、あの戦争からの復興過程においても、「まちづくり」に向けて多くの人びとがエネルギーを注ぐような状況にあり、コミュニティ形成へ向けた意識や取り組みが活性化していたのではないか、と想定することもできます。

第二に、商店街活動の内容やその成果に関わる問題を指摘できます。

次頁の表3－3をご覧下さい。これは、一九三〇年代に商店街の組織化を主導する立場にあった人物が、その経験から、当時の顧客が商店街に何を求めていたのかを列挙したものです。いかがでしょうか。現在の商店街が直面する困難な問題に比べて、ここに挙げられた課題は、個々の商店としても、商店街全体としても、いずれも取り組みやすく、また、取り組みの成果が集客に結びつきやすいものと言えるのではないでしょうか。

実は、この資料を記した中村金治郎という人物は、多くの中小小売商が商店街活動に協力的でないことを批判しているのですが、戦後の高度成長期までを視野に収めれば、実際に多くの商店街がこのような方向で、顧客の要望に応えていったとみることができます。

1. 誰に遠慮気兼なく、縁日や夜店で物を買ふやうに買物したい　→出入り自由
2. 品物は勝手に手に取り、見もして自由に選択したい　→陳列販売
3. 品物を買ふと共に、心の満足を得たい　→「現代的な奉仕待遇方法」
4. 愉快に、気持ちよく遊び半分に買物したい　→夾雑物の撤去、遊歩街化
5. 今日はスピード時代で、お客はせつかちである
6. 買物は帰りがけに持たないで、配達して欲しい　→共同配達
7. 小さな店よりも、代表的な大きな店で買物したい　→専門店化
8. 暑い時は涼しい処で、寒い時は暖い処で買物したい　→扇風機、暖房装置
9. 雨が降つても、風が吹いても、雨にあたらず風に吹かれず買物したい　→共同日覆
10. 危くない安全な処で買物したい　→交通規制
11. 自由に休憩も化粧も出来る処で買物したい　→休憩室・化粧室
12. 此処彼処かけ廻らずに、一処で入用を揃へたい　→ワンストップ・ショッピング

（出所）石原武政「商店街の組織化」『経営研究』36巻1号、4頁より作成。
（原史料）中村金治郎（大阪府商店会連盟理事長）による。

表3−3　1930年代に商店街が顧客から求められていたこと

「商業組合法」（一九三二年）や、その流れを汲む「中小企業等協同組合法」（一九四九年）、「商店街振興組合法」（一九六二年）といった法律に基づく組合を組織することで、商店街活動を積極的に展開していく動きもみられました。あわせて、商店街の振興政策もとられていきました。

このように、商店街活動の内容やその成果という視点からみると、一九二〇～三〇年代あるいは一九五〇～七〇年代という時期には、商店街活動に力を入れることが、それぞれの商店の経営にも、少なからぬプラスの効果を及ぼしていたと捉えることができます。

純粋に費用対効果の面から言えば、商店街活動などに目もくれず、ひたすら自

店の経営拡大のみに集中した方が効率的でしょう。しかし、商店街が成立・発展していった時期には、あえてそのような方向をとらずに、商店街活動に力を入れることにも、それなりに経営上のメリットがあり、だからこそ商店街活動が活性化していったのだと考えられます。

このことは、商店街活動に直接の関係がない、町内会や祭礼、政治活動といった分野にもあてはまります。コミュニティ活動を通して得た地域の人びととのつながりは、本業の商売においても、かけがえのない財産となり得ます。地域の人びととの信頼を勝ち取り、生活に深く分け入ってニーズを把握することで、商売における顧客へのアプローチも変わってくるはずです。特に、近隣型や地域型の商店街においては、そうしたアプローチによって地域の固定客をしっかりとつかむことが、商店の経営を安定させることにつながります。

一九七五年に行われた中小小売商へのアンケート調査（都市部、有効回答三三三三件）によれば、「地元の町内会や商店会の催す行事（旅行やお祭りなど）に参加されますか」との問いに対し、「いつも参加する」が三六・一％、「ときどき参加する」が三八・六％、「ほとんど参加しない」が二五・三％で、「いつも」と「ときどき」を合わせて七四・七％が参加すると答えています（「小零細小売業の経営行動」『国民金融公庫調査月報』一八六号、一九七六年一〇月）。

やはり積極的に参加している様子がうかがえますが、興味深いのは、その参加理由です。「いつも」または「ときどき」と答えた者が、参加の理由として選んだ項目を多い順に挙げると、「近所づき合いのため」が二七・六％、「地域発展のため」が二五・四％、「役員になっているから」が二〇・七％、「商売に役に立つことが多い」が二〇・四％、「特に理由なし」が三・四％、「行事や祭りが好きだ」が二・五％となっています（選択式、二つまで回答可）。

「商売に役に立つ」という理由が、これだけ多くの商人に選ばれていることに、まずは注目すべきでしょう。それを踏まえれば、「近所づき合い」「地域発展のため」「役員になっているから」といった項目についても、義理や地域貢献という含意にとどまらないものに見えてきます。そこには、みずからの商売にいつかプラスになって跳ね返ってくるという思いが、にじみ出ているように感じられます。

別の角度からみると、「まちづくり」に力を入れることは、コミュニティ活動としての意味をもつだけでなく、商業機能を活性化させる形で、よりよい「消費者の利益」を実現することにもつながっていたということです。あるいは、地域の論理と消費の論理が、綯《な》い交《ま》ぜになって人びとの生活を成り立たせていた、という言い方のほうが、当時の人びとの実感に近いかもしれません。商店街は、消費と地域をうまく結び合わせて、魅力的な買い物の場をつくるものだということになります。

翻ってみれば、そもそも商店街の商店は、「商い」が本業なのですから、全く商売にプラスにならないのであれば、コミュニティ活動を積極的に担わなければならない理由はありません。コミュニティの形にもいろいろあるわけですから、商業機能が重要でないのであれば、商店街というコミュニティの形にこだわる必要もありません。商売を通じて人びとの消費生活を支えることこそが、小売商人の、そして商店街の本質的な機能なのですから、商店街の発展を考える際にも、商業機能を第一に取り上げなくてはならないはずです。項を改めて、この点を掘り下げていきましょう。

一九三〇年代の徳島市の例

まずは、商店街の成立期にあたる一九二〇〜三〇年代の状況を確認しておきます。

第1章では、この時期に、百貨店の地方進出に刺激される形で、中小小売商による経営改善の動きが広がっていったという話をしました。具体的には、正札販売や陳列販売を導入したり、店頭装飾や広告宣伝に力を入れたり、共同売出しなど組織的な活動を行ったりといった形が見られました。

また、第2章では、やはり同じ時期に、婦人雑誌代理部による通信販売が急速な発展を遂げ、既存の店舗小売業を中心とした流通機構の再編を促す、一種の歴史的な役割を果たしていった、という見通しを示しました。具体的には、婦人雑誌代理部の成功を受けて、衛生・栄養・健康・能率・科学などに基礎を置く「合理的」な生活像と、美容・流行・娯楽などに関わる「享楽的」な生活文化という、新しい消費文化に対して、店舗小売業の側も速やかな対応を見せていったという見通しです。

こうした点を思い出してもらったうえで、一九三〇年代における徳島市の事例を取り上げてみたいと思います。なぜ徳島市かと言うと、全体的に商店街の実態に関する歴史研究が立ち遅れているなかで、徳島市の事例については、当時の写真や広告を含めて、まとまった資料が残されているからです（『徳島専門店会のあゆみ』徳島専門店会、一九九九年）。

先に見た表3－1の史料では、徳島市内四つの商店街が調査対象となっています（『各都市に於ける商店街調査（近畿・中国及四国地方）』日本商工会議所、一九三六年）。そのうち、新町橋筋商店街の「一致会」という組織は一八八七年の結成ですが、籠屋町商店街（図3－3）の「商進会」は一九二五年の結成、東新町商店街（図3－4）の「商和会」は一九二六年に設立され、西新町一丁目商店街はこの「商和会」に加入しており、総じて商店街の組織化は、やはり一九二〇年代以降に進んだことがうかがえます。

立地の面では、いずれも徳島駅から歩いて一〇分ほどの距離にある繁華街を構成する商

（上から）図３－３　籠屋町商店街（1932 年）（『徳島専門店会のあゆみ』37 頁）
図３－４　東新町商店街。街路を覆うアーケードが確認できる（1934 年）（同、18 頁）
図３－５　丸新百貨店（1938 年）（『丸新五十年史』丸新、1984 年、40 頁）
図３－６　一楽屋百貨店（1937 年）（『徳島専門店会のあゆみ』61 頁）

店街で、四つの商店街を構成する小売店は計一五九軒に上り、東新町商店街には地方百貨店の「丸新」（一九三四年設立、図3-5）や「一楽屋百貨店」（一九三五年設立、図3-6）も立地しています。一九三二年には、三越大阪支店が出張販売に来ていますから、地方百貨店の設立が相次いだ背景には、そうした三越の動きに刺激された面もあったのでしょう。

そして、小売店の販売方法をみると、正札販売はすべての小売店が実施し、陳列販売についても八割以上の店舗が導入済みという状況にありました。また、四つの商店街ともに、売出し、照明、日覆、撒水といった共同事業を行っていました。日覆というのは、今で言うアーケードのことで、図3-4からもその様子がうかがえます。

さらに、消費文化という点では、たとえば、扇屋パン店の広告（図3-7）には「健康」、味噌・醤油店である河内屋の広告（図3-8）には「滋価」（=栄養価のこと）、一楽屋呉服店の広告（図3-9）には「流行」といったコピーが躍っています。一楽屋呉服店というのは、先に記した一楽屋百貨店の前身です。加えて、宮井洋品店の「信条」のなかには、「流行先端の行く商品を取り扱い、流行品を顧客に絶えず紹介する」という一条があり、戦前の同店内で撮影された、図3-10のような写真が今に伝えられています。健康、栄養、流行といった、まさに新しい消費文化を支える価値観に、商店街の店舗も積極的な対応をみせていたと考えることができます。

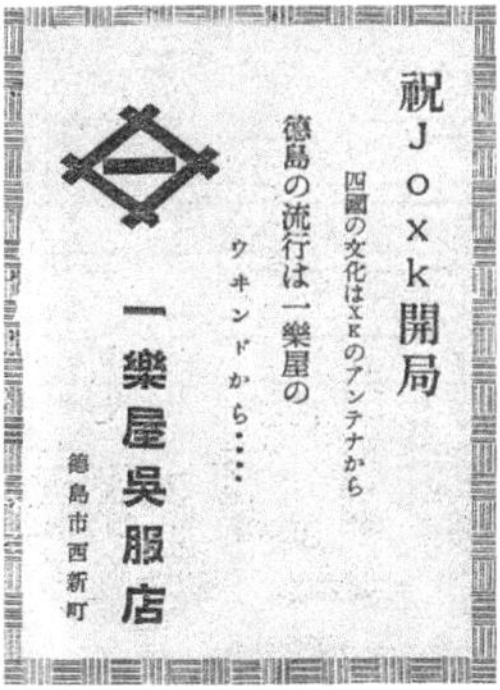

（左上）図3－7　扇屋パン店の新聞広告（1936年）（『徳島専門店会のあゆみ』87頁）
（右上）図3－8　河内屋の新聞広告（1936年）（同、87頁）
（左下）図3－9　一楽屋呉服店の新聞広告（1933年）。JOXK徳島放送局の開局にあわせて出された広告。当時、一楽屋呉服店では、ショーウィンドーを設置して、座売りから陳列販売に切り替え、正札販売を導入する動きが進んでおり、流行を意識した商品展開に力が注がれるようになっていた（同、27頁）
（右下）図3－10　宮井洋品店内で撮影されたモダンガール（昭和戦前期）（同、40頁）

一方で、扇屋パン店や宮井洋品店であれば、徳島市内でどのように、どの程度パン食や洋装化が進展しているかを熟知していたでしょうし、河内屋や一楽屋であれば、どんな味噌や呉服が好まれているかをよく知っていたはずです。掛売りや御用聞きに力を入れて、地元の固定客をしっかりつかんでいた商店も少なくなかったと思われます。

掛売り・御用聞き

徳島市の事例から離れてしまいますが、当時の掛売りや御用聞きの実態については、東京市の調査史料（「東京市内に於ける小売業経営並に金融調査」個票データ、調査時点は一九三五年）から詳細が明らかにされています（満薗勇「食料品小売業における販売『合理化』の限界」）。この史料は、一二業種九三九軒を対象としたサンプル調査で、決済方法別や、店頭販売・非店頭販売別の売上高が判明する貴重なデータです。

それによると、食料品関連の六業種四三一軒について、総売上高に占める掛売りの比率は、平均四七・五％、同じく総売上高に占める御用聞き販売の比率は、平均五三・五％にも上っています。掛売りと御用聞きは、おおむねセットで行われていたとみられるので、総じて、売り上げの半分が掛売り・御用聞きによっていたというのが平均的な姿だったことになります。

業種別に見ると（以下、掛売り比率／御用聞き比率の順）、雑穀が二二・四％／二六・一％、白米が六六・八％／八二・三％、魚介藻類が五五・四％／五七・六％、蔬菜果実が三五・七％／四五・一％、酒類が七一・六％／七〇・七％、菓子・パンが一九・三％／二二・〇％となっています。特に白米や酒類で割合が高くなっているのは、これらが重く、かさばる商品なので、顧客からすると、配達のサービスが受けられる点に大きなメリットが感じられるからでしょう。

そして、掛売りや御用聞きを主に利用していたのは、所得の低い労働者や貧困層ではなく、サラリーマン層でした。サラリーマン層は、掛売りや御用聞きのサービスを受けられることが、顧客として信用がある証拠だと捉えており、それが一種の「ステータス」にもなっていました。コミュニティ形成を担う小売商が、このような形でサラリーマン層と関係を結んでいたことは、地域全体のコミュニティ活動を活性化させていくうえでも、大きな意味を持っていたと考えられます。そこには、消費の論理と地域の論理が、まさに綯い交ぜになった世界が広がっていました。

戦後になっても、特に一九六〇年代頃までは、こうした掛売り・御用聞きの広範な展開がみられました。「商業統計表」から、小売販売額に占める掛売りの割合を見ると（法人商店のみ）、飲食料品では、三一・一％（一九六二年）、二六・八％（一九六六年）、二〇・九％

（一九七二年）、一五・八％（一九七六年）となっています。

念のために注記しておくと、残念ながら、「商業統計表」からは、圧倒的多数を占めていた個人商店の掛売りデータを得ることはできず、この数字は、法人商店によるもののみの集計です。また、「商業統計表」の数字は、全体の掛売り金額合計を小売販売総額で割って得られたものなので、一軒ごとの割合から算出した先の東京市の例とは直接比較できるものでもありません。それでも、特に一九六〇年代までは、掛売りが根強く展開していたことがうかがえるでしょう。

スーパー・百貨店との競争

続いて、戦後の高度成長期における消費の実態をみていくことにします。

表3－4をご覧下さい。この表は、一九六九年の「全国消費実態調査」から作成したもので、一世帯一ヵ月当たりの平均家計支出額の構成比を購入先別にみたものです。各費目への支出金額のうち、一般小売店、スーパー、百貨店それぞれでの買い物に、どのくらいの割合の金額を費やしたか、という比率が示されています。

表に示した消費支出の金額からも見て取れるように、高度成長期には、消費生活の洋風化が進展していきました。特に、被服費を見ると、和服よりも洋服への支出金額が高くな

	一般小売店(%)	スーパー(%)	百貨店(%)	金額(円)
食料費	72.3	15.2	2.7	25,900
米類	92.2	0.0	0.0	3,279
パン	77.7	14.7	2.9	525
生鮮魚介	71.7	17.3	1.6	2,084
生肉	69.6	24.6	2.5	2,237
野菜	68.1	19.9	1.1	1,755
加工食品	67.9	22.7	4.4	1,999
調味料	60.9	28.9	2.9	1,310
酒類	94.9	2.0	0.9	1,201
被服費	46.6	9.3	27.7	8,569
和服	57.7	2.9	31.6	858
洋服	46.1	8.4	38.2	2,095
住居費	38.0	3.5	6.0	7,643
自動炊飯器	76.7	3.3	10.0	30
冷蔵庫	85.7	0.0	2.9	35
白黒テレビ	90.7	3.7	3.7	107
カラーテレビ	84.0	3.3	4.5	838
電気洗濯機	75.2	4.7	11.6	129
電気掃除機	79.2	6.3	4.2	48
雑費	17.5	1.4	1.0	24,179
消費支出計	44.5	7.7	5.4	69,292
衣食住小計	60.8	11.9	8.4	42,112

(出所)『昭和44年全国消費実態調査報告　第5巻　購入先編』(総理府統計局、1971年) より作成。
(注1)「一般小売店」には月賦販売店を含む。
(注2) 1世帯当たり1ヵ月間の支出金額による。2人以上の全世帯。
(注3) 月賦や掛買いによる購入は、購入月の消費支出に代金総額が計上されている。

表3－4　購入先別にみた消費支出の構成比（1969年）

っていますし、住居費を見ても、テレビ・洗濯機・冷蔵庫をはじめとした新しい家電製品が普及していった様子がうかがえます。

食料費の分野でも、表には示していませんが、コーヒー、バター、マーガリンといった項目が目に付き、即席麵や冷凍食品といった加工食品の消費も伸びていきました。ただし、依然として米食が中心であることに変わりはなく、魚介類や野菜を中心とした生鮮品も大きな比重を占め続けていました。

このように、食の分野では伝統的な消費構造を色濃く残しつつ、衣料品や住居用品の分野を中心に、消費生活の変化が進展していくなかで、商店街に立地する中小小売商は、それぞれに柔軟な対応を見せていきました。

表3－4のなかで、「衣食住小計」欄を見ると、一般小売店へ支出した割合が六〇・八％であるのに対して、スーパーへの支出は一一・九％、百貨店への支出が八・四％という割合にとどまっており、圧倒的に一般小売店の利用が多かったことが読み取れます。一般小売店の多くは、商店街に立地する中小商店でした。

百貨店については、一九四七年に廃止された第一次百貨店法に代わって、一九五六年に「第二次百貨店法」が制定され、すでに流通政策のもとで規制対象とされていました。したがって、全体として百貨店のシェアが低いのは、流通政策による影響を受けていたと言

「良い印象」	スーパー	一般商店	「悪い印象」	スーパー	一般商店
値段が安い	75.7	15.5	値段が高い	1.1	16.0
品物が豊富	26.0	4.2	品物が少ない	12.5	45.6
品質が良い	3.0	7.8	品質が悪い	36.7	10.2
サービスが良い	5.7	23.9	サービスが悪い	28.3	9.7
気軽に買える	63.0	35.2	気軽に買えない	1.1	11.2
店に信用がある	2.6	15.4	店に信用がもてない	8.2	6.0
衛生的である	4.0	2.8	非衛生的である	17.4	13.8
店の設備が良い	3.5	0.7	店の設備が悪い	11.1	18.9
包装が良い	1.0	0.3	包装が悪い	16.5	13.7
近くにある	44.9	67.6	遠すぎる	9.1	0.8
掛け買いができる	12.6	20.3	掛け買いができない	28.7	32.0

（％）

（出所）『消費者の意識と行動』（東京商工会議所、1965年）より作成。
（注）東京都内の主婦889人に対する個別面接調査。商店種別に項目3つ以内を選択回答。「一般商店」は、食料品小売店、衣料品小売店、その他小売店の平均。

表3－5　消費者からみた商店に対する印象（1965年）

えます。逆に言えば、そうしたなかにあっても、被服費における百貨店のシェアが高くなっていることは、衣料品分野における百貨店の競争力を物語っています。

他方、スーパーに関してみると、一九六九年と言えば、ダイエーをはじめとする大手各社が、それぞれ数十店舗レベルの多店舗展開を遂げ、一般的には「流通革命」の時代と呼ばれていました。しかし、この表によると、衣食住ともにスーパーの割合は低く、「流通革命」という威勢のいい言葉とは、少し違った印象を受けると思います。

表3－5を見て下さい。これは、東京都内の主婦を対象に、利用する商店の印

象を尋ねた結果です。スーパーについての「良い印象」は、「値段が安い」「気軽に買える」「近くにある」「品物が豊富」といった項目に多く見られます。それに対して、一般商店については、「近くにある」「気軽に買える」「サービスが良い」「掛け買いができる」「値段が安い」「店に信用がある」という項目に、「良い印象」が多く持たれています。「悪い印象」も併せて両者を対比してみると、消費者からみたスーパーの強みは、値段の安さ、セルフサービス方式の気軽さ、品数の多さというポイントにあるのに対し、一般商店の強みは、近接した立地の便利さ、掛売りを含めた手厚いサービス、店の信用というところにあったと言えます。総じて、当時は一般小売店の利用が多かったわけですから、消費者は単なる安さ以上に、立地やサービスによる利便性の方に、大きな価値を見いだしていたと言えるでしょう。

では、中小小売店の側は、スーパーの進出をはじめとした経営環境の変化に対して、どのような対応をとっていったのでしょうか。

表3－6は、この点を商店主に尋ねたアンケート調査の結果です。全体としては、取扱商品の多様化・専門化・高級化(項目2・3・4)、仕入れの工夫(項目8)、各種サービスの強化(項目9)が多くの業者によって挙げられており、商品の差別化やサービスの強化という方向で、自店の魅力を高める工夫がなされていったと言えるでしょう。

項目（複数回答）	計（%）
1. 対応策を講じる必要はとくになかった	6.1
2. 取扱商品の種類を増やした（多様化）	27.1
3. 取扱商品を限定し、品揃えを増やした（専門化）	34.1
4. 高額商品の比重を高めた（高級化）	25.7
5. 低額商品の比重を高めた	3.3
6. 全般に価格を引き下げた（薄利多売）	14.1
7. 全般に価格を引き上げ利幅を大きくした	6.9
8. 仕入れを工夫して利幅を大きくした	32.9
9. 配達、修理、加工、接客サービスなど各種サービスを強化した	29.4
10. 移動販売を強化した（または始めた）	7.8
11. 支店を設けた（または増やした）	6.1
12. 飲食店とか美容院など小売店以外の業種を兼業した（多角化）	3.9
13. その他	6.3
14. 対応策を見いだせなかった	4.5

（出所）「小零細小売業実態調査」（『国民金融公庫調査月報』159号、1974年7月）より作成。
（注）青森・埼玉・鹿児島各県にて国民金融公庫が貸付を行った「小零細小売業」（従業員20人未満）が対象。アンケート調査の回収件数は574件、従業者規模別では、1-2人が45.3%、3-4人が35.4%、5-9人が15.5%、10人以上が3.8%。

表3－6　環境変化に対する小売店の対応策（1973-74年）

食料品の例から

この調査結果を踏まえたうえで、以下では、スーパーとの競争のなかで、中小小売店が持ち得た強みは何だったのか、という問題について、もう少し掘り下げていきたいと思います。具体的には、食料品と家電製品の例をとりあげることにします。

まずは、食料品についてです。先に挙げた表3－4によれば、一般小売店のシェアが目立って高いのは、米類と酒類となっています。実は、米類は食糧管理制度のもとで、酒類は酒類販売免許制度のもとで、それぞれ小売販売への新規参入が制限されていました。これらの分野では、一般小売店に対する保護政策がとられていたために、スーパーが容易に参入できなかったのです。

しかし、このような参入制限のない分野でも、スーパーのシェアは限定的なものにとどまっていました。なかでも、次の第4章で詳しく述べる通り、この時期のスーパーは、特に生鮮品への対応に苦慮する状況にありました。

そもそも、日本の消費者は、生鮮品に対する鮮度へのこだわりが強く、その日に調理するための食材を、毎日買い物へ出かけて買ってくるという消費パターンが一般的になっていました。これは、たとえば、週末に大型店へ車で出かけ、一週間分の食材をまとめ買いするというアメリカのようなパターンとは、対照的なものと言えます。日本の消費者が、お店が「近くにある」ことを重視するのは、鮮度志向に基づく多頻度小口購入という消費パターンを持っているためなのです。

そして、生鮮品というものは、当然のことながら鮮度が品質を大きく左右するため、売る側からすると、なかなか取り扱いが難しいものでした。加工に高い技術が求められる一方、一日のなかでも、客が多い時間帯と少ない時間帯があるなかで、値引きのタイミングなどにも独特の勘や経験が必要とされていました。最後まで売れ残れば、そのまま廃棄処分となってしまいますし、早くに売り切れてしまうと、貴重な販売機会を逃してしまうことになります。

特に、生鮮品は買い物客にとって献立の中心となるものなので、生鮮品で多くの売り切れを起こすと、店全体への信頼が大きく揺らいでしまうことになりかねません。全国のスーパーがこうした課題をクリアし、鮮度に対する高い要求水準に応えられるようになっていくのは、一九八〇年代以降のことでした。逆に言えば、それまでは、近所の個人商店が、消費者の期待に応える魅力的な買い物の場となっていたのです。

加えて、個人商店ならではのこだわりや、地域に密着したサービスも強みでした。たとえば、零細個人商店に「独自なサービス」を尋ねた面接調査では、「客の目の前でミンチしたり切ったりする、味がちがうからネ」と答える鶏肉専門店や、「魚の料理法を教える。客の家族の好みがわかるから、それにみあった加工サービスをする」という回答を寄せる鮮魚店がみられました（天野正子「零細企業における主婦の役割構造」）。

街の電器屋さん

次に、家電製品の例をみていくことにしましょう。前掲の表3－4が示すように、家電製品の分野においても、スーパーのシェアは低く、ほとんど一般小売店を通じて購入されている状況にありました。ただし、ここでいう一般小売店の多くは、商店街に立地しながら、大手家電メーカーの系列店として営業するタイプの店であったと考えられます。

高度成長期に家電製品の需要が急増するなかで、大手メーカー各社は、既存の中小小売商をそれぞれの系列下に収める形で、販売網を整備していきました。実際に、家電メーカー系列の小売店舗数は、一九六〇年代におよそ二万二〇〇〇店、一九七〇年代に三万八〇〇〇店、一九八〇年代に五万七〇〇〇店へと増加していきます（川上智子「家電業界における流通チャネルの再編」）。一九九〇年代以降は、大型家電量販店がシェアを高めていきますが、それまでは、こうした系列店が小売販売の中心的な担い手となっていたのです。

これらの系列小売店は、松下なら松下、東芝なら東芝の製品だけを扱い、店の看板などからもメーカー名が前面に押し出されているため、一見すると直営店のようにも見えます。しかし、資本の面では、あくまでも独立した個人経営の商店として営業を行う「街の電器屋さん」です。メーカーの側では、自社の製品を、自社が売りたい価格で、自社が売りたいような売り方で売ってもらうために、小売店へさまざまな便宜を図っていました。

メーカーからすれば、自前で一から直営店をつくるよりも、スピーディーに、かつ資金がかからずに販売網を構築できますし、系列店を通じて定価販売を守ることができれば、利益の見通しを得やすくなり、経営の安定化にもつながります。また、多くの場合、テリトリー制が敷かれて、同じメーカーの系列店が商圏内に重複しないよう調整されていたので、小売店にとっても、大手メーカーのブランド力を背景として、安定的に売り上げを伸ばすことができます。

こうした家電流通のあり方は、一面でメーカーによる流通支配と呼べるもので、系列小売店に定価販売を求めるなど、メーカーにとって都合のよいものでした。事実、「安売り哲学」を掲げるダイエー創業者の中内切は、こうした家電流通のあり方に異を唱え、松下電器との間に「ダイエー・松下戦争」と呼ばれた激しい攻防を繰り広げながら、価格決定権を奪い取ろうとしました。

しかし、そのような動きがあったにもかかわらず、表3－4では、スーパーのシェアは微々たるものでしたし、系列小売店の優位は、なかなか揺るぎませんでした。その背景には、系列小売店による「街の電器屋さん」ならではの重要な役割がありました。

そもそも、テレビにしても、洗濯機や冷蔵庫にしても、当時はそれまでになかった全く新しい製品として世に登場したので、今の状況からは想像がつかないほどに、据え付けや修理のために、業者の手を必要とする機会が数多くありました。そうした状況のもとでは、近くの顔見知りの「街の電器屋さん」に気軽に相談できることが、顧客にとっても大きなメリットとして感じられました。

一方、電器店の側にとっても、顧客との顔の見える濃密な関係が、販売促進のうえで大きな武器となっていました。たとえば、先に挙げた調査資料（表3－6）のなかで、家電の分野に関して、次のような指摘がなされています（「小零細小売業実態調査」）。

小零細店の強みは、顧客との日ごろからの触れ合いをもち、各人のニーズを熟知している点である。したがって、各人のニーズにあわせた商品の、値上がり時期や新製品発売予定などを知らせていけることになる。もちろん、的確な商品を勧めることもできるのである。

少し極端な例かもしれませんが、なじみの電器屋が、家に突然テレビを置いていったというようなこともあったようです。客の側もそのことを、「電器屋もうまかごつやるけんね（うまいことやるからね）」という言い回しで回想しており、まんざら嫌でもなかった様子です（塚原伸治『老舗の伝統と〈近代〉』）。電器屋の側からみると、この顧客の暮らしぶりを熟知しているなかで、断られず迷惑がられもしない、適切なタイミングを見計らったうえでの行動だったのでしょう。

こうした顔見知りの商店という性格は、割賦販売においても、固有の意味を持っていました。当時の家電製品は、平均的な世帯月収に匹敵するほど高価なものだったので、多くの世帯は、割賦販売を利用することになります。そのなかで、大手家電メーカーは、それぞれに販売金融のしくみを整え、系列小売店による割賦販売の実施を支えていたのですが、顧客から代金を回収するにあたっては、顧客と顔なじみの関係にある「街の電器屋さん」の役割が大きかったのです。

割賦販売

この点に関わって、東京都区部の居住世帯を対象としたサンプル調査（一九六五年時点、対象七四八世帯）をみておきましょう。これによれば、代金の支払いの形態については、割賦販売で購入した世帯のうち、「自宅で集金人に支払う」が七〇・四%と圧倒的に多く、「銀行・郵便局など金融機関へ振り込む」が一七・六%、「（店舗などへの）持参払い」が一八・〇%、「職場での集金や給料天引き」が一二・四%、「その他」が六・四%となっています（『割賦代金等の共同回収に関する調査』機械振興協会経済研究所、一九六六年）。

割賦販売というのは、商品を先に顧客へ渡してしまうので、販売業者の側にしてみると、代金をきちんと回収できるかどうかが重要になります。ましてや、この調査が示すように、「自宅で集金人に支払う」形態が主流であったとすれば、なにかと理由をつけて踏み倒そうとしたり、突然ゆくえをくらませて逃げてしまったり、といった事態が起これば回収は困難になります。その際に、顔なじみの関係にあれば、そうした事態は生じにくいですし、「街の電器屋さん」であれば、地域の人びとの暮らしぶりに詳しいので、そもそも支払いが危なそうな客には、割賦で販売しないといった見極めもしやすくなります。

こうして、家電製品をめぐる据え付けや修理需要の多さだけでなく、当時の割賦販売のあり方が、地域に密着した「街の電器屋さん」としての働きと切り離せないものになっていました。スーパーや量販店といった安売りを志向する家電流通のパターンは、こうした地域密着型の流通サービスを充実させた家電流通を相手に、十分な競争力を持ち得なかったという見方もできます。

以上のように、さまざまな小売革新を遂げ、新たな消費文化に対応しつつ、他方で、伝統的な消費パターンへの対応力も備え、趣味嗜好の地域差にも精通し、地域密着型の流通サービスで地元の固定客もしっかりつかむ、といった商店街の姿からは、消費への柔軟な対応力を備えた魅力的な買い物の場というイメージが浮かび上がってくるでしょう。

たしかに、第二次百貨店法や、食糧管理制度・酒類販売免許制度のように、政策によって一般小売店が守られていた面があったことは否定できません。しかし、そうした規制とは無縁であった戦前期の通信販売が、一九二〇年代半ば以降に停滞状況を迎えたことや、第二次百貨店法の規制を免れていたスーパーが、参入規制のない生鮮食料品分野で苦戦し、家電製品の分野でも、メーカーによる系列小売店網を突き崩せなかったことは、商店街の持つそうした柔軟な対応力を抜きにして説明できないと思います。

あるいは、高度経済成長によって、消費市場が急速に拡大していくなかで、商店街はそのおこぼれにあずかっていただけではないか、と思われた方もいらっしゃるかもしれません。しかし、論理的に考えれば、どんなに消費のパイが拡大しても、スーパーがそのパイをすべて取り尽くしてしまったってよいわけです。ですから、現実にそうならなかったのは、当時の消費者が、商店街という小売の形を選び取った結果であると考えなければなりません。商店街がもつ柔軟な対応力を、積極的に評価するべきだと思います。

「商店主婦」の役割

では次に、そうした商店街の柔軟な対応力が、どのような商家経営のもとで、いかなる労働に支えられていたのか、という問題を考えてみましょう。小売商店の多くは、家族経営によって営まれていましたから、ポイントは商人家族のあり方ということになります。なかでも、一九六〇年代以降は、夫婦で商店を支える妻の役割が、「商店主婦」という呼び名とともに、大きくクローズアップされていきました。

その一つの契機は、雇用情勢の変化にあります。もともと日本は後発工業国として出発し、明治期から着実に工業化が進んでいましたが、戦前期の時点では、全体として労働力が過剰な経済という段階にとどまっていました。商業部門が「過剰人口のプール」という面を持っていたことは、第1章で紹介したところです。その後、戦時期を例外として、敗戦後もそうした状況がしばらく続いたのですが、一九五〇年代半ばに始まる高度経済成長は、工業部門の急成長に伴って、深刻な労働力不足を招くこととなりました。一九六〇年頃には、日本が全体として労働力不足の経済へと、はっきりと転換しています。

こうしたなかで、相対的に労働条件が悪い商業部門、とりわけ中小小売業においては、深刻な人手不足に見舞われるようになりました。そのため、中小小売店は外から人を雇うことができない分、家族労働力への依存を深めていくほかない状況に陥ったのです。一九六〇年代後半からは、スーパーをはじめとする大型店との競争圧力がこれに加わり、人件費を抑制する意味からも、家族労働力への依存がさらに深められていきました。そこでクローズアップされたのが、「商店主婦」の役割でした。

やや時期が下りますが、東京の零細小売店主婦を対象として行われた一九八一年の調査（有効回答七三三）は、この問題に迫る格好の資料として、重要な事実を明らかにしてくれています（天野正子「零細小売業主婦の労働と意識」）。少し詳しく紹介しましょう。

調査対象となった小売商店は、家族のみで営まれるものが全体の八割弱に上り、従業者は夫と妻の二人というものが最も多くなっています。また、全体の八割強に上る商店は、同一敷地内に店舗と住居が併存しており、いわゆる職住一体型の特徴を持っています。まさに日本型流通を支えた零細小売商の典型的なイメージに合致するものです。

そのうえで、家業経営における妻の役割をみると、「主として」分担している仕事は、①値札付け、陳列、掃除、電話の取り次ぎ、商品の収納、仕入れの補充といった「雑務」(五八・〇%)、②販売や客の接待(五五・四%)、③「経理」いっさい(四六・二%)といったものが多く、逆に、妻が「全然やっていない」仕事としては、①商売上の会合出席(七一・四%)、②配達(七〇・一%)、③資金繰り(六〇・六%)といったものが上位に挙がっています。

こうした分業のあり方は、「夫は外まわり、妻は内まわり」という分担として整理できます。ただし、絶対的な区別があるわけではなく、相互に流動的で状況に応じて入れ替えが利くものでした。夫婦間の分業は、たとえば「基幹」と「補助」といった主従関係にはなく、妻も判断や決定を要する仕事に関わっていたことが重要なポイントです。

さらに興味深いのは、一九八一年の調査ということで、スーパーの影響が深刻なものとなりつつあった状況のなかで、妻が「近所づきあい」的な商売のなかに可能性を見いだしていた点です。スーパーの開いていない日・開いていない時刻に営業したり、お客さんの家族の嗜好にあった料理法を教えたり、といった形で、地域住民へのより密度の高い、きめ細やかなサービスを充実させていくような商売のあり方に展望を見いだしていました。

この点に関わって、「人事労務コンサルタント」の肩書を持つ人物が、商業者向けの雑誌のなかで、注目すべき指摘をしています。そこには、「商店主婦が戦力になるための留意点」の一つとして、「地域社会との交際から生きた情報をつかめ」というポイントが挙げられ、次のように説明されています（石渡満男「商店主婦の戦力化」『商店界』五七巻一〇号、一九七六年一〇月）。

> 地域社会における交際も、商店主婦戦力化の大きな柱である。近所付合い、お客さま、子供のある家庭、ＰＴＡなど、交際についてあげるときりがないほどだろう。／実は、この付合いが店の売上げを左右するケースが多いのだ。交際範囲が狭いと、情報の量が少なくなり有益な情報が得られなくなる。世間に対する知識も薄く、商品構成もバラバラになりやすい。近所付合いは自分の店にとっては、商勢圏内の消費者であり、お客さまなのである。

先にみた消費への柔軟な対応力という強みは、このような商店主婦の役割に負うところが大きかったと言えるでしょう。職住一体のなかで、自らもその地域に暮らし、家庭の消費も担う商店主婦の特性が、地域密着のきめ細やかな流通サービスを可能としていたのです。その姿からは、「まちづくり」と「消費者の利益」をうまく結び合わせる役割が見えてくるでしょう。ただし、こうした商店主婦の活躍は、その肩に重い負担を背負わせることにもなっていました。

商店主婦は忙しい

商人家族の家庭生活に目を向ければ、商店主婦はその名の通り、家事や育児など、家庭内役割のほとんどを一身に背負う存在でもありました。調査のなかで、「店の仕事のあいまにすばやくやってしまうから、時間でいえばどれほどになるか、すぐにはいえない」という回答が寄せられていますから、家事労働が商家経営のなかに組み込まれていて、まさに職住一体型の生活を送っていたと言えます。このような妻の柔軟な労働配分も、家族経営を成り立たせるうえで、不可欠なものとなっていました。

そうしたなか、商店主婦は、商売と家事に追われて、「自由な時間と空間のないこと」（四三・三％）に悩み、自らの労働に対して正当な報酬が得られないことにも、「経済的に自分の自由になるお金が少ない」(八・五%)という不満を持っていました。「サラリーマンの妻の座を羨ましく思うことがあるか」という設問に、「よくある」「ときどきある」と答える割合が、合わせて七一・七%にも上っています(「零細小売業主婦の労働と意識」)。

第2章では、「近代家族」という新しい家族モデルが、両大戦間期に力を持つようになったと述べました。「近代家族」とは、夫は一家を養う収入を得るために外へ働きに出て、妻は家庭を守るために家事と育児を一手に担うという性別役割分業のもとで、夫婦と親子が愛情に基づく情緒的な関係で結ばれ、もっぱら消費の単位としてプライベートな領域を形作っているような家族像のことです。「主婦」という女性のあり方も、「近代家族」とともに成立したものでした。

高度成長期になると、「近代家族」モデルは、労働者の間に本格的な普及をみて、日本でも支配的な家族モデルとなっていきます。そうしたなかで、既婚女性には、家事や育児に十分な手をかけて、家族の消費生活を充実させていく「主婦」の役割が強く期待されると同時に、消費生活という点からみると、家電製品などの耐久消費財に囲まれ、一家団欒で余暇活動を満喫するような家族消費への憧れが強まっていく状況が生まれていました。

所得の面からみると、零細小売店を含む小売自営業者世帯は、少なくとも一九七〇年代までは、全世帯の平均に比べても、相対的に高い所得を得ていました(石井淳蔵『商人家族と市場社会』)。耐久消費財も活発に購入していましたから、物的にみれば、高い生活水準を実現していたと言えます。

しかし、そうした高所得は、夫婦ともども長時間労働に従事することで、ようやく可能になっていたものでした。他の職業に比べても、商店主の男性は、生産活動に従事する時間が最も長く、余暇時間が最も短い状況にあり、商店主の妻も、家事を含めた生産活動時間が長く、余暇活動時間が短いという特徴を持っていました(同前)。

その意味で、「サラリーマンの妻の座を羨ましく思う」という商店主婦の声は、家業と家事の板挟みとなる現実のなかで、「主婦」としての役割を十分に果たせていないという思いに基づくものであって、お金よりも時間の問題という面が大きかったと理解できます。そこには、一家団欒で余暇を楽しんだり、家事や育児にたっぷりと手間をかけたり、といった形で、家族の消費生活を満喫する時間がほしいという願いが込められています。商店街が発展していくなかで、商人家族がこのような葛藤を抱えていたことを見過ごすわけにはいきません。

第4章　スーパー

——「流通革命」と消費者の時代

ダイエー中内㓛の「流通革命」

ダイエーというスーパーに、どのようなイメージを持つかを聞いてみると、その人のおおよその年齢がわかるかもしれません。私は一九八〇年生まれで、近所にダイエーがない地域で育ったので、流通の勉強を始めるまでは、プロ野球「福岡ダイエーホークス」（一九八八年発足）の親会社という程度の認識しか持っていませんでした。

ダイエーの業績は、一九九〇年代後半に悪化し、二〇〇四年には産業再生機構の支援を受けて、二〇〇五年にはホークス球団もソフトバンクへ売却されました。二〇〇七年には、イオンおよび丸紅との資本・業務提携に合意、今ではイオンの完全子会社となって、二〇一八年頃には、ダイエーという名前のお店がなくなることが決まっています。大学の授業で、ダイエーの名前さえ聞いたことのない学生を前にする日も、そう遠くないのかもしれません。

このような近年の姿からは想像できないかもしれませんが、ダイエーには、日本の流通業を一変させる革命児として、熱い視線が注がれてきた歴史があります。林周二『流通革命』（中公新書、一九六二年）をはじめとして、一九六〇年代には、スーパーを「流通革命」の旗手とみる議論が大きな関心を喚《よ》び、「細くて長い」日本の流通機構が、スーパーの発展によって、アメリカのように「太くて短い」形へと変貌を遂げていくだろうと期待されていました。スーパーのトップランナーたるダイエーは、まさに「流通革命」を地でいく存在として注目されていたのです。

図4－1　大阪・千林駅前に開店したダイエー１号店「主婦の店ダイエー本店大阪」（写真：共同通信社）

そうしたなかで、ダイエー創業者の中内㓛は、一九六九年に、自らの経営理念を『わが安売り哲学』という本にまとめて出版しました。一九五七年に一号店（図4－1）を開いてから一二年が経ち、ダイエーが店舗数を増やしながら急成長を遂げるなかのこととあって、革命児の「哲学」は多くの読者を得て次々と版を重ねていきました。

「私にとってキャッシュ・レジスターの響きは、この世の最高の音楽である」という印象的な一文を「まえがき」に持つ同書は、「めざすは消費者主権」と題する書き出しの章のなかで、次のように述べています（『［新装版］わが安売り哲学』)。

ダイエー憲法がめざすところは、消費者のための企業である。企業という企業が言葉の真の意味で消費者のために存在したとき、消費者社会が実現する。消費者主権の社会である。ダイエーが目標とするのは、消費者主権の確立された社会である。/消費者主権の思想は昔からあった。いまでも〝消費者は王様〟と称される。現実に消費者は王様であろうか? 〔中略〕/理念としての消費者主権は語られても、現実はそうではない。

本のタイトルにあるように、中内の言う「消費者主権」とは、なによりも「安売り」、すなわち商品の価格に関わる問題でした。実際に、ダイエーがメーカーによる価格支配へ次々と挑戦し、花王や松下電器などと、価格決定権をめぐって、激しい攻防を繰り広げていったことが知られています。中内をモデルにしたとされる城山三郎の経済小説『価格破壊』(光文社、一九六九年)は、そうした攻防の様相を活き活きと描き、これまた多くの読者を得ることとなりました。

それはそれでもちろん興味深いのですが、ここで注目したいのは、『わが安売り哲学』

のなかに、「消費者」という言葉が頻繁に登場することです。

「消費者」という言葉がキラキラしていた時代

「消費者」という言葉は、今ではなんてことのない、誰もが当たり前のように使う言葉ですし、先の引用を読んでも、「良いことは言ってるけど、陳腐な文章だな」としか思えないかもしれません。しかし、この一九六〇年代当時は、「消費者」という言葉が、キラキラした新鮮な響きをもって受けとめられ、「消費者のための企業」という表現も、多くの人びとに鮮烈な印象を与えるものでした。「消費者」という言葉自体が、新しさを帯びていたからです。

たとえば、一九五七年に開店したダイエー一号店の正式名は、「主婦の店ダイエー本店大阪」というのですが、中内㓛は、亡くなる直前の二〇〇五年に残した回想のなかで、この「主婦」というのは「いまの言葉で言えば『消費者』のことだとしたうえで、次のように振り返っています（中内潤・御厨貴編著『中内㓛』）。

ただ「消費者」という言葉は一般的でなかったですが、「主婦」という言葉はありましたからね。「消費者」という言葉は、あとで私あたりが使い出した言葉です。

厳密に言えば、「消費者」という言葉そのものは、明治時代から使われていました。しかし、経済の専門家や企業経営者、政策担当者といった人びとではなく、買い物をする人たち自らが、「消費者としての私」という意識をもつようになったのは、一九六〇年代以降のことでした。「消費者主権」や「消費者は王様」という考え方が生まれたのも、同じ時期のことです。中内の言う画期性は、このような新しい消費者意識に寄り添うところにありました。

おそらく、これだけの説明では、まだ少しピンと来ないでしょう。それは、今の私たちにとって、「消費者としての私」という意識が、あまりにも当たり前のものになっているからです。逆に言うと、そうした消費者意識が、どのような時代のなかで生まれたのかを知ることができれば、今の私たちを取り巻く世界が、少し違って見えてくるようになるかもしれません。

そこで、この章では、スーパーの歴史的展開を踏まえて、「消費者としての私」という意識が、どのような形で成立したのかを考えていきたいと思います。第3章では、スーパーの発展に限界があったことを強調しました。ですから、中内がその目に見ようとした「消費者」が、本当に現実の消費者の姿に重なるものだったのかを、冷静に見極める必要があるでしょう。スーパーの歴史を通じて、「消費者の利益」を再考するための手がかりを得ることが、この章の主な目的となります。

そもそもスーパーとは何か？

具体的な歴史を見ていく前に、スーパーの特徴を整理しておきましょう。

「スーパー」という言葉は、アメリカで生まれた「スーパーマーケット」に由来しています。ただし、アメリカでは、スーパーマーケットと言えば、食料品のみを扱うお店を指すのですが、日本のスーパーには、大きく分けると、①衣食住すべてを扱う「総合スーパー」と、②食料品のみを扱う「食品スーパー」という二つのタイプがあります。

それぞれ現在の代表的なお店を例に挙げてみると、総合スーパーとしては、イオン、イトーヨーカドー、西友、ユニー、ダイエー、イズミ、平和堂などがあり、食品スーパーとしては、ライフ、アークス、ヨークベニマル、マルエツ、ベイシア、マックスバリュ、オーケー、サミット、カスミ、東急ストア、いなげや、関西スーパーなどがあります。

私が子どもの頃には、当時の名前で「イトーヨーカ堂」や「ジャスコ」を利用する機会がたびたびあったのですが、どちらも百貨店だと思い込んでおり、きちんと流通の勉強をするようになって初めて、総合スーパーという百貨店とは全く異なる業態があることを知りました。学生に授業をしていても、同じような反応をもらうことが多いので、身近なスーパーを思い浮かべながら読み進めてもらうとよいと思います。

総合スーパーと食品スーパーに共通する特徴は、以下の四点にまとめられます。

①チェーンストア方式　…多店舗展開と本部一括仕入れ
②低価格販売　…「マージン・ミックス」による安売りの訴求と利益の確保
③セルフサービス方式　…開架式の陳列棚に並べられた商品を顧客が自由に選択
④現金払い・持ち帰り制　…配達・掛売り・御用聞きなどのサービスは行わない

まず、①のチェーンストア方式については、図4－2を見て下さい。図にある通り、複数の小売店舗を経営しながら多店舗展開を行う場合には、大きく分けて、(1)本・支店方式と、(2)チェーンストア方式という二つのやり方があります。両者の最大の違いは、仕入れをどのように行うのかという点にあり、チェーンストア方式のポイントは、仕入れを本部が一括して行う点にあります。基本的に、百貨店は本・支店方式、スーパーはチェーンストア方式をとっているので、やはり両者は全く異なる業態であると言えます。

チェーンストア方式の場合には、仕入れを本部が一括して行えば、一度に大量の商品を

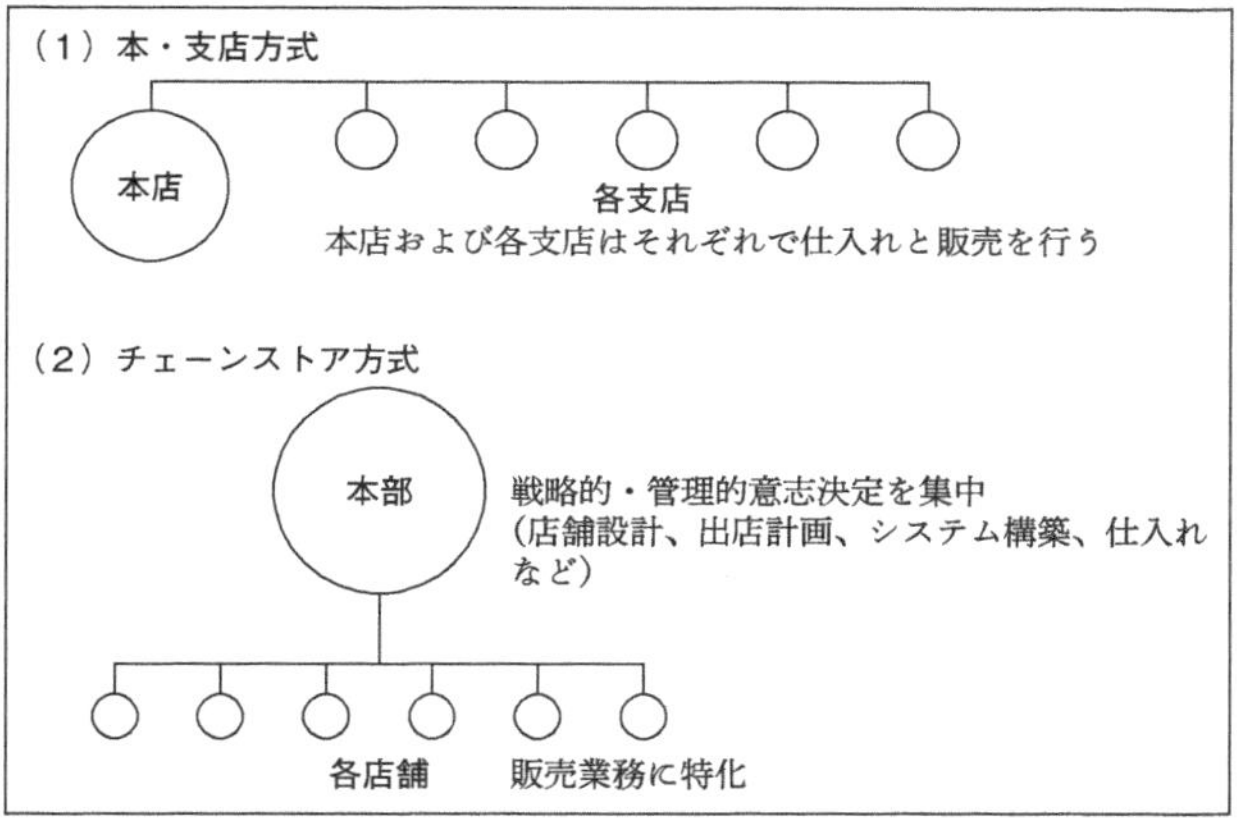

（出所）小宮路雅博編著『現代の小売流通』同文舘出版、2005年、52頁より作成。

図４－２　多店舗展開の方式の特徴

仕入れることができるため、その分、商品を安く仕入れて、安く売ることができます。別の言い方をすれば、取り扱い規模が大きいことによるメリット、すなわちスケール・メリットが働くということです。

ただし、一括仕入れによるスケール・メリットが発揮されるためには、各店舗がなるべく同じような商品を取り扱うようにしなければなりません。扱う商品についても、個性的で種類の多いものではなく、売れ筋に絞った定番品に絞り込んだ方が効率的です。一般に、百貨店一店当たりの取扱商品が四〇万～五〇万アイテム、都心の大型百貨店になると数百万アイテムとされるのに対して、総合スーパーの場合には三万～五万アイテムと言われていますから、品揃えという点でも、百貨店と総合スーパーには大きな違いがあるわけです。

このように、チェーンストア方式には、一括大量仕入れに基づく低価格販売を実現できるという利点があります。加えて、ひとつひとつの店舗は小さくても、多くの店舗を展開すれば全体では大量仕入れ・大量販売によるメリットが発生しますから、小さな商圏にも小回りの利く店舗展開が可能です。

繰り返し述べてきたように、そもそも消費者は少しずつしかモノを買ってくれませんし、全国津々浦々に散らばって暮らしています。ですから、小売業においても、規模が小さくなりがちで、全国に散らばって展開せざるを得ないという「小規模分散性」が問題となります。チェーンストア方式の場合には、それぞれの店舗のレベルでは、小規模分散性に対応できると同時に、全体を統轄する企業という単位では、そうした制約を乗り越えて、大きく成長することができるのです。

その意味で、チェーンストア方式は、まさに革新と呼ぶべき画期的なシステムでした。

ただし、チェーンストア方式には、消費嗜好や経営環境の地域差に対応しにくいというデメリットがあります。画一的であればあるほど、大量仕入れによるスケール・メリットが大きくなるというしくみですから、画一的な店舗展開が成り立たなければ、そうしたメリットは生じません。実際に、日本におけるスーパーの展開をみていくうえでは、このよ

（頻度）	（値段）	（荒利）	（商品構成比率）		
高い	安い	5%	20%	→	1%
↓	↑	10%	30%	→	3%
低い	高い	20%	50%	→	10%
					計 14%

（出所）中内潤・御厨貴編著『中内㓛』千倉書房、2009 年、307 頁。

図 4－3　「マージン・ミックス」の概念

うな地域性の問題が一つの重要なポイントになります。

続いて、スーパーという小売業態がもつ特徴の②は、低価格販売です。チェーンストア方式のスケール・メリットを活かしながら、さらに、安売りを強調するような価格政策をとります。具体的には、特定の品目を、仕入れ原価と変わらない値段で売ることで、お客さんに「あの店は安い」と思わせるような商法を採用します。

図4－3をご覧下さい。これは、中内㓛が回想のなかで説明に用いた図です。中内自身は「マーチャンダイジング・ミックス」と言っていますが、意味するところは「マージン・ミックス」と同じです。「荒利」というのは、粗利益のことで、ここでは、仕入れ原価にどれくらいの利益を上乗せして売るか、ということを示しています。「マージン・ミックス」という名前

は、利益を「マージン」と呼ぶことに由来するものです。

図にあるように、まず購入頻度が高く、値段が安い商品については、粗利益を抑えて、とにかく安く売ることにします。すると、お客さんはその安さに飛びつき、たくさんの集客を実現できます。一方で、購入頻度が低く、値段が高い商品には、通常の小売店と変わらない値段をつけ、粗利益を確保できるようにします。来店したお客さんは、安い目玉商品だけを買って帰ることは少ないので、買い物カゴの全体としてみれば、きちんとお店に利益が落ちるというしくみです。

第1章で、「ロスリーダー政策」という言葉を紹介しましたが、スーパーは、それを体系的に行い、さまざまに異なる粗利益の商品をミックスする商法をとっているわけです。この「マージン・ミックス」によって、安売りのイメージを打ち出しながら、同時に、きちんと利益を確保している点がポイントとなります。

ただし、その際に販売活動に関わるコストが高いと、利益の部分を経費が食いつぶしてしまう格好になり、最終的な利潤を確保できなくなる恐れがあります。そこで、特徴③のセルフサービス方式の導入と、④の現金払い・持ち帰り制によって、販売店員の負担を減らし、人件費を抑えることで低コストを実現するという形をとります。

このように、スーパーという小売業態の画期性は、チェーンストア方式によるスケール・メリットを基盤としつつ、「マージン・ミックス」によって安売りのイメージと利益の確保を同時に追求する一方、セルフサービス方式による経費の削減を通じて高い利潤を確保できる点にあるのです。

それでは、スーパーの歴史を具体的に見ていきましょう。

日本では一九五〇年代から

スーパーという言葉は、もともとアメリカで生まれたスーパーマーケットに由来するということは、先ほど紹介しました。当時アメリカ第二位の食料品チェーン「クローガー」の社員だったマイケル・カレンという人物が、一九三〇年に独立してオープンした「キングカレン」というお店が、スーパーマーケットの起源に当たると考えられています。

一方、第2章では、一九二〇年代後半以降、アメリカでは通信販売が伸び悩み、シアーズ・ローバックもモンゴメリー・ウォードも、通信販売からチェーンストア方式による店舗展開へと軸足を移していったという話をしました。両社の運営する店舗は、GMS（ゼネラル・マーチャンダイズ・ストア）と呼ばれる業態で、スーパーマーケットと同様の原理に基づいて、ただし食料品は扱わずに、衣料品や住居用品を幅広く取り扱っていました。

このようにして、アメリカでは、一九三〇年代になると、食料品を扱うスーパーマーケットと、食料品を除く多様な商品を扱うGMSという二つの業態が、似たような原理に基づきながら、取扱商品を棲み分ける形で、小売業の発展を牽引していくこととなりました。

第二次世界大戦後には、いわゆるレジの機械を扱う販売会社による普及活動にも後押しされながら、アメリカで生まれたスーパーマーケットのしくみが、ヨーロッパや日本にも広まっていきます。セルフサービス方式が広まれば、それだけレジの機械が売れることになるので、キャッシュレジスターの販売会社にとっては、スーパーマーケットのしくみを普及させていくことが、自社製品のマーケティング活動に直接結びついていたのです。

そうした後押しを受けつつ、日本最初のセルフサービス店となったのは、一九五三年に開店した東京青山の青果店「紀ノ国屋」であると言われています。当時の一般的な商店では、「溜め銭」といってザルに入ったお金で代金のやりとりをしていました。いまでも、まちの八百屋さんなど、店内にザルをつるしてあるお店を見かけることがあるかもしれません。そうした「溜め銭」に代わって、レジで精算するという今では当たり前の光景も、ここから始まったことになります。

以後、セルフサービス方式は、一九五四年に「菊名生協」(横浜)や「大友」(京都、食料品店)、一九五五年に「島田商店」(東京世田谷、酒類)や「ハトヤ」(大阪天神橋筋、衣料品)などへ広がります。一九五六年には福岡県小倉の「丸和フードセンター」が成功を収め、一九五八年には、「主婦の店」という名を冠して、スーパーマーケットのしくみを取り入れようとする動きが、全国一〇県二五店にまで広がりをみせました。

しかし、これらはいずれも、試行錯誤からなかなか抜け出せず、また、その後の日本におけるスーパーの発展を直接牽引しなかったため、流通史研究の分野では、「初期スーパー」と呼ばれて区別されています。チェーンストア方式が導入されておらず、また、生鮮食品は対面販売が続いていたので、スーパーとしては、まだまだ完成されたものではありませんでした（矢作敏行『小売りイノベーションの源泉』）。

総合スーパーと食品スーパー

その後、初期スーパーに代わり、まず目覚ましく発展したのは、総合スーパーでした。一九五六年には「西武ストアー」（一九六三年西友ストアーと改称）が設立され、一九五七年には「ダイエー」一号店が開店、一九五八年には「ヨーカ堂」（一九七一年イトーヨーカ堂と改称）、一九六三年には「ニチイ」（一九九六年「マイカル」へ社名変更）、一九六九年には「ジャスコ」（二〇〇一年「イオン」へ社名変更）がそれぞれ設立され、店舗数を伸ばしていきました。

次頁の表4－1をご覧下さい。この表は、小売業の売上高ランキングの推移を示したも

	1960年		1972年		1990年	
	企業名	売上高	企業名	売上高	企業名	売上高
1位	三越	453.3	ダイエー	3,052	ダイエー	18,420
2位	大丸	453.1	三越	2,924	イトーヨーカ堂	13,551
3位	髙島屋	385.2	大丸	2,131	西友	10,484
4位	松坂屋	365.9	髙島屋	1,994	ジャスコ	9,953
5位	東横百貨店	296.4	西友ストアー	1,668	西武百貨店	9,853
6位	伊勢丹	233.8	西武百貨店	1,550	三越	8,666
7位	阪急百貨店	209.0	ジャスコ	1,550	髙島屋	7,676
8位	西武百貨店	185.1	松坂屋	1,493	ニチイ	7,081
9位	そごう	150.9	ニチイ	1,442	大丸	6,066
10位	松屋	120.1	ユニー	1,264	丸井	5,658

（単位：億円）

（出所）佐藤肇『日本の流通機構』有斐閣、1974年、195頁。石原武政・矢作敏行編『日本の流通100年』有斐閣、2004年、218頁。
（注）網掛けはスーパーであることを示す。

表4－1　小売業売上高ランキング

のです。表のなかで、網掛けしたものがスーパーで、それ以外はすべて百貨店となっています。ひと目で明らかなように、一九六〇年には、トップ10をすべて百貨店が占めていたのに対し、一九七二年には、スーパーが五社もランクインしており、一九九〇年になると、上位四社をスーパーが独占するという状況へと変化しています。一九七二年というのは、ダイエーがスーパーとして初めて三越から首位の座を奪った記念すべき年でもありました。

ちなみに、二〇一三年度の小売業売上高ランキングは、一位イオン、二位セブン＆アイ・ホールディングス、三位ヤマダ電機、四位三越伊勢丹ホールディングス、五位J・フロント リテイリング（大丸松坂屋百貨店などを傘下にもつ持株会社）、六位ファーストリテイリング（ユニクロなどを展開）、七位ユニーグループ・ホールディングス（サークルKサンクスなどを傘下にもつ持株会社）、八位髙島屋、九位ビックカメラ、一〇位エディオンの順になっています（『日本経済新聞』二〇一四年六月二五日付）。

他方、この間、食品スーパーも続々と開店しています。

一九五六年には「東横興業」（現・東急ストア）が設立され、一九五九年には「関西スーパーマーケット」が一号店を開店、一九六一年には「清水実業株式会社」（現・ライフ）が食品スーパーの一号店を開店し、一九六三年には「京阪商会」（現・サミット）が設立されています。

ただし、食品スーパーの本格的な発展は、総合スーパーよりもやや後の時期になって実現しました。食料品の分野においては、生鮮品をめぐるシステム革新が必要だったためです。一九七六年に、関西スーパーがそうしたシステム革新をようやく完成させ、一九八〇年代以降に、それが全国へと普及していくこととなりました。その後、総合スーパーが停滞を迎えた一九九〇年代半ば以降も、食品スーパーの拡大は続いていきました。

以上のように、日本においては、総合スーパーと食品スーパーという二種類のスーパーが、タイムラグを伴いながら展開していきました。このなかで、総合スーパーは、「日本版GMS」と呼ばれることもあるのですが、食料品も扱う点で、アメリカのGMSとは異なっています。そして、その成立には流通政策のあり方も影響を与えていました。また、食品スーパーが、本格的な発展を遂げるまでに試行錯誤を要した点も、アメリカのスーパーマーケットには見られない点でした。

以下、順に詳しく見ていきましょう。

ダイエーの例

まずは、総合スーパーが、まさに品揃えを衣食住へと「総合」化していったプロセスについて、ダイエーの例で具体的に見ておきたいと思います。

一九五七年に開店したダイエーの一号店は、薬を中心として、化粧品や駄菓子、缶詰を取り扱っていました。一九五九年には衣類や肉、日用品も扱うようになり、一九六〇年には家電製品、一九六一年には寝具、加工食品、文具、玩具、一九六三年には鮮魚、青果、家具へと取扱商品を広げていきます。

たとえば、一九六三年に三宮に開店したダイエーのSSDDS（セルフ・サービス・ディスカウント・デパートメント・ストア）は、地上六階・地下一階、売場面積五六七二平方メートルという大型店で、地下一階に生鮮品、一階に食料品、二階に衣料品、四階に文具・玩具を揃え、三階と五階はテナントを入れて、宝飾品、レコード、カメラ、婦人服などを置いていました。

このようにスーパーが品揃えを総合化していった背景には、食料品部門の採算をめぐる問題が横たわっていました。一九六〇年代には、スーパーの食料品部門は、粗利益率が極めて低い水準にあったため、店全体として利益を確保するためには、衣料品や住居用品を含めた非食品部門を拡大していく必要があったのです。

では、なぜ食品部門が儲からなかったのかと言えば、生鮮品のロスが大きかったためです。詳しくは、食品スーパーの項で後述しますが、生鮮品は取り扱いが難しく、廃棄や値下げ処分による損失が大きくて、なかなか採算がとれない状況が続いていました。

加えて、一九五六年に制定された第二次百貨店法の影響もありました。この法律によって、百貨店の新規出店が制限されていたため、総合型の品揃えを有する小売店は出店の余地が大きく、総合スーパーが、百貨店に代わるような店として、多くの顧客を集めることができたのです。「イトーヨーカ堂」や「ジャスコ」を百貨店だと思い込んでいた私も、そうした顧客の一人だったということになるのでしょう。

先述したように、総合スーパーと百貨店を分ける最大のポイントは、チェーンストア方式をとっているか否かという点にあります。再びダイエーの例を取り上げると、一九六二年に創業者の中内㓛がアメリカへ視察に行き、そこで次のことを学んだという回想を残しています（『中内㓛』）。

多店舗展開は考えていましたが、その仕組みがわからなかったんです。アメリカに行ってわかった。多店舗展開というのはただ単に店舗をたくさん増やすのではなく、本部があって、本部が検収した商品を各店へ分散させる。仕入れは一括して本部がやらんといかん、各店で仕入れをやったらいかん。多店舗展開というのは本部が一括仕入れ、販売は分散販売。

こうして、まさにチェーンストア方式の原理を本場で学ぶと、さっそく一九六三年一月に本部を発足させ、多店舗展開を進めていきました。

大きかった問屋の役割

図4－4には、代表的な総合スーパー各社の店舗数をまとめてあります。これによれば、一九六〇年代半ばから各社とも店舗数が増加し、一九七〇年代初頭には、ダイエー、西友、ニチイがそれぞれ一〇〇店舗以上を構えるに至っています。

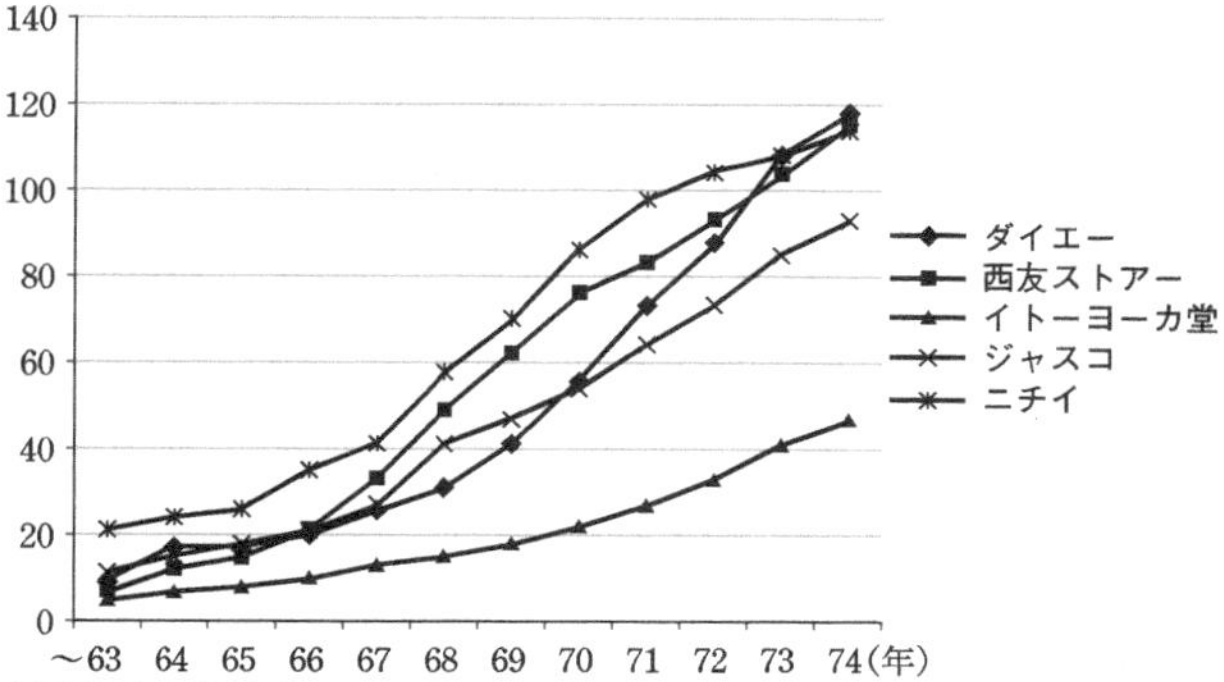

（出所）建野堅誠「わが国におけるスーパーの成長」『長崎県立大学論集』25巻3・4号、1992年3月、124頁。

図4－4　総合スーパー各社の店舗数

このような急速な多店舗展開は、チェーンストア方式によるスケール・メリットを発揮するうえで、必要不可欠なものでした。規模が大きくなればなるほど、大量に安く仕入れて安く売れるわけですから、一気に多くの店舗を出店して、取り扱いの規模をとにかく大きくする必要があったのです。

そして、当然のことながら、店舗をたくさん出店するには、それだけ土地・建物・什器を手配しなくてはなりませんから、資金が必要となります。ところが、当時は特に、大規模小売業といえば百貨店くらいしかなく、小売業に対する金融業界の評価が低かったため、一介の小売商が、たとえば銀行から多額の融資を受けるといったことは、現実問題として難しい状況にありました。そこで、スーパーは、問屋の力を頼ることになります（高岡美佳「高度成長期のスーパーマーケットの資源補完メカニズム」）。

といっても、設備投資のために、問屋から直接お金を借りたということではありません。問屋から商品を仕入れた代金の支払い条件が、スーパーの手元に多額の余裕資金を持たせることになったのです。具体的には、仕入れ代金の支払いが延べ払いとなっており、その支払期限よりも先に、店頭に並べた商品が売れてしまうことから、スーパーの手元に余裕資金が生まれました。仕入れと販売との資金の回転の違いという意味から、これを「回転差資金」と呼んでいます。

たとえば、一九六一年頃には、食品問屋から商品を仕入れると、その代金は六〇日後に支払えばよいという条件が一般的だったのに対し、スーパーにおいては、仕入れた加工食品を平均九・三日で売り切る状況にありました。スーパーは商品を現金で販売しますから、九・三日後には販売代金の分の現金を手にできる計算になります。そこから仕入れ代金を問屋に払うにしても、その現金のなかから、さらに五〇日余り経ってから支払えばよいわけですから、その間は、スーパーの手元に現金がある状態が生まれるのです。

これは要するに、五〇日後に返せばよいという条件で、スーパーがお金を借りていることと同じ意味を持っています。総合スーパー各社は、特にその初期には、こうした回転差資金を利用することで、急速な多店舗展開のための資金を融通することができました。それは総合スーパーにとって、問屋の存在が不可欠だったということにほかなりません。

実際に、大手スーパーの仕入れにおいて、問屋に頼る割合がどれくらい大きかったのかを確認しておきましょう。大手スーパー三八社を対象とした調査によれば、一九六八年においては、問屋を通さない直接仕入れの割合がゼロ、つまり、すべての商品を問屋から仕入れるというスーパーが一三社と多数に上っています。さらに、これを含めて直接仕入れの割合が三割未満というスーパーが三三社にも上り、調査対象のほとんどが、問屋からの仕入れに多くを負っていたことがわかります（同前）。

一九六〇年代に一世を風靡した「流通革命論」は、スーパーの発展によって、メーカーと小売の直接取引が主流となり、やがて問屋が必要なくなるという「問屋無用論」として受けとめられていったのですが、現実の動きとしては、総合スーパーは、問屋を利用しながら発展していったとみなければなりません。

長く続かなかった「安売りを武器に」の時代

ところで、「流通革命」と言えば、中内㓛は『わが安売り哲学』のなかで、「流通支配権を生産者から流通経済の担い手に奪い返すのが流通革命である。流通革命によって実現する社会は、消費者を主権者とする消費者社会であ」ると述べており、現実にも一九六〇年

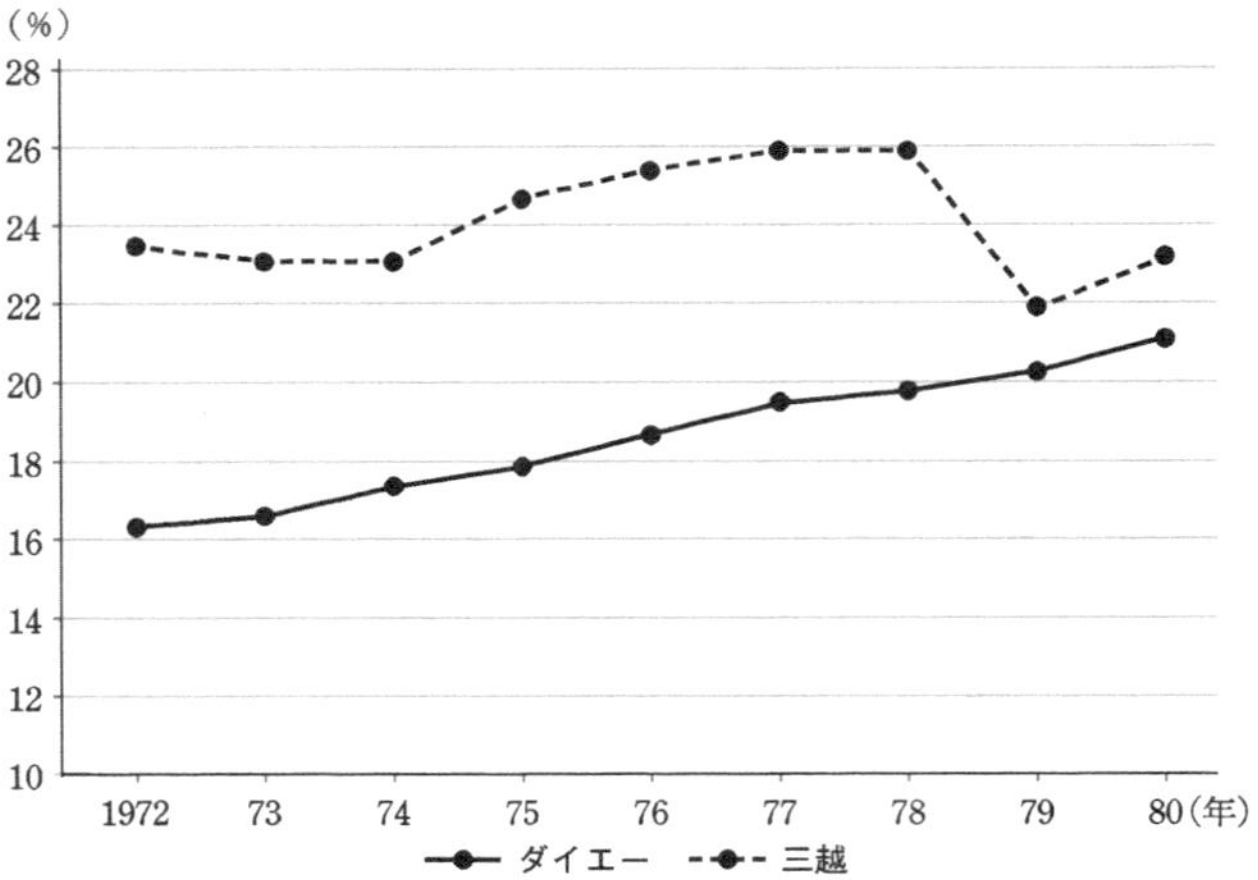

(出所)「有価証券報告書」各年より作成。

図4－5　ダイエーと三越の売上高総利益率

代のダイエーは、「価格破壊」を地で行くような姿を見せていました。

しかし、一九七〇年代に入ると、「安売り」は影を潜めるようになります。

図4－5をご覧下さい。これは、ダイエーと三越について、売上高総利益率を比較したものです。売上高総利益率というのは、売上高に対する粗利益の割合のことで、これが低いほど仕入れ原価に上乗せする利幅が小さい、つまり安売りを行っているとみることができます。厳密には、値入率（仕入れた分にどれくらいの儲けを乗せるか）を見る必要があり、扱う品目や価格帯によってその水準も異なるので、単純に安売りかどうかだけを示すものとは言い切れませんが、一見してわか

るように、ダイエーの売上高総利益率は、一九七二年の一六％から上昇を続け、七〇年代末には二〇％を超えて三越のそれに接近しています。

中内㓛『わが安売り哲学』では、ダイエーが、粗利益率（＝売上高総利益率）一〇％、経費率七％、純利益率三％という「〈一〇・七・三の経営〉」をとるとされています。『わが安売り哲学』の刊行は一九六九年ですから、図4－5が示す一九七〇年代の推移は、そこからどんどんかけ離れていったことを物語っています。

この傾向は、ダイエーに限ったものではなく、一九七〇年代を通じて、スーパーの「商品の利幅は限りなく百貨店に近づく」状況にあったことが確認できます（杉岡碩夫『街づくりの時代』）。「第一次石油ショック（一九七三年）を契機として巨大メーカーのマーケッティング戦略と妥協し、現在では大衆百貨店へと様変わりしている」と言われるような状況が、一九八〇年代初頭にはっきりと姿を現すに至りました（同前）。

私が子どもの頃に「イトーヨーカ堂」や「ジャスコ」を百貨店だと思い込んでいたのは、こうした歴史を踏まえると無理もないことだったように感じられます。総合スーパーが「安売り」を武器に成長した時代は、それほど長く続かなかったのです。

食品スーパーの挑戦

一方、食品スーパーは、一九七〇年代にかけて、生鮮食品の取り扱いという大きな課題に取り組んでいきます。

第3章で紹介したように、高度成長期には、食の洋風化が進展した一方で、伝統的な消費構造も色濃く残っていました。特に、生鮮食品のウエイトが高く、鮮度へのこだわりが強い点に、日本的な消費パターンの特徴が認められます。そうした特徴に関わって、たとえばアメリカでは、食料品を週末にまとめ買いするという習慣が一般的なのに対して、日本では、毎日その日の献立に必要なものを買うという習慣が、高度成長期においても、そして今でもかなりの程度まで、広くみられるところです。

表4－2は、購入先別にみた食費の平均支出月額の構成比を整理したものです。これを見ると、スーパーは一九六九年の時点で、コーヒー、バター、マーガリン、化学調味料、即席めんといったように、洋風化に対応した商品や、新しいインスタント食品をはじめとして、主に加工食品の分野からシェアを高めていったものの、生鮮品や伝統的な食品の分野は、大きく立ち遅れていたことがわかります。なかでも、生鮮品への対応は、食品スーパーの行く末に関わる大きな問題となっていました。

そもそも、生鮮食品は、鮮度劣化による廃棄ロスの危険性が高く、加工のために包丁を

	スーパー			一般小売店		
	1969年	1984年	2009年	1969年	1984年	2009年
食費計	15.2	35.3	45.4	72.3	37.1	11.3
コーヒー	53.8	59.2	53.7	33.7	24.2	16.3
バター	45.3	37.1		45.3	47.1	
マーガリン	53.3	70.6	82.8	37.8	12.7	3.4
化学調味料	36.1	50.0		52.6	33.3	
即席めん	39.1	63.9		54.3	23.6	
米	0.0	9.3	36.6	92.2	72.4	15.1
牛乳	2.1	37.1	52.8	88.7	47.1	21.0
酒類	2.0	5.6	49.5	94.9	88.8	18.8
豆腐	15.0	50.4	74.2	78.3	39.7	8.7
卵	21.5	51.2	71.7	65.5	31.0	7.6
醬油	13.6	41.2	59.7	78.2	42.4	14.9
生鮮魚介	17.3	46.8	67.4	71.7	42.0	12.6
生鮮肉	24.6	54.6	74.9	69.6	34.5	8.7
生鮮野菜	19.9	51.5	64.4	68.1	38.5	8.3
生鮮果物	18.6	40.1	54.3	69.3	46.1	15.6

(%)

(出所)「全国消費実態調査」各年版より作成。空欄はデータ欠。
(注) 1969年・84年は2人以上世帯のみ、2009年は総世帯のデータ。

表4－2　購入先別にみた食費の平均支出月額の構成比

入れると、その劣化がさらに速まるという特性を持っています。加えて、お店にやってくるお客さんの数は、時間帯によって極端に異なるため、特に混み合う時間帯に商品がなくなってしまうという欠品のリスクもあります。鮮度劣化が速いので、在庫を多く抱えすぎると廃棄ロスに直結してしまいますから、舵取りが非常に難しいのです。

さらに、チェーンストア方式によるスケール・メリットが働きにくいという点も、日本の生鮮食品が持つ特性の一つです。

特に鮮魚や青果は、卸売市場を

通じた取引が一般的で、市場では競《せ》り方式がとられるために、たくさん買うから安くなるというような形では価格が決まりません。

では、市場を通さずに、生産者と直接取引をすればよいかと言うと、生鮮品の生産には、天候や病気のリスクがつきもので、特に鮮魚や青果の場合には、必要な種類も多いため、直接取引でそうしたリスクをすべて抱え込んでしまえば、かえって負担の方が大きくなってしまいます。ここでも、卸売機能が大きな役割を果たし、「流通革命論」が説く「問屋無用論」の想定通りにいかない実態がありました。

このように、生鮮品というものは、日本の消費者にとって献立の中心として、毎日の買い物に不可欠なものであるため、うまく扱えれば店にとって大きなプラスになるのですが、実際には、廃棄ロスと欠品リスクの狭間《はざま》にあって舵取りが難しく、スケール・メリットも働きにくいために、スーパーがうまく対応できない状況が続きました。

すでに見た通り、総合スーパーは、こうした問題をとりあえず棚上げして、非食品分野に品揃えを広げることで、発展の契機をつかんでいったわけです。しかし、食品スーパーはそうもいきません。では、食品スーパーは、生鮮食品の問題をどのように克服していったのでしょうか。以下、この問題に取り組んで、画期的なシステム革新を生み出すことになった、関西スーパーの例を見ていくことにしましょう（水野学「食品スーパーの革新性」）。

「職人の世界」とスーパー

関西スーパーは、一九五九年に一号店を開店しましたが、一九六〇年代半ばまでは、生鮮品については、専門業者をテナントとして招き入れ、売場の運営を任せる形をとっていました。自前で運営することができなかったためです。

新興のスーパーでは、卸売市場で顔が利かず、仕入れに困難をきたしたという事情もあったようですが、より重要だったのは熟練の問題です。質や鮮度の見極めから、加工・調理サービス技術、さらには、何時頃からどれくらい値下げすればちょうど売り切ることができるか、といった廃棄ロスを減らすための価格変更テクニックに至るまで、生鮮品の取り扱いには熟練が必要不可欠でした。いわば「職人の世界」の領域だったのです。

ところが、関西スーパーは、その職人の扱いに手を焼くことになります。関西スーパーの社史には、開店時になっても商品が並んでいない、売り切れると店全体の閉店前でも店じまいして帰ってしまう、といったエピソードとともに、次のような記述が出てきます（『関西スーパー25年のあゆみ』）。

何か改革を提案しても、「素人が何を言うか……」と言わんばかりに無視して、いっこうに改めようとはしなかった。きつく注意すれば、「やめさせてもらいまっさ」と言ってくる。気が向かなかったら、日曜日や祭日の忙しい日でも平気で欠勤する。そのたびに慰留したり、賃上げでごきげんをとる——そんなことの繰り返しだった。職人には、自分がいないと困るだろうと言わんばかりの思い上がりがあった。

この記述に見られるように、職人には熟練という武器があるため、経営者の思い通りにならない面がありました。それは、この職人がたまたまそうだったという問題ではなく、「職人の世界」は、効率性を追求する企業経営になじまない面を持っているのです。そこで、関西スーパーも職人に頼らない売場づくりをめざすことにしました。

プリパッケージ・システム

図4－6をご覧下さい。これは、テナントを使っていた時期の関西スーパーの鮮魚売場の様子です。今と大きく違うところがあるのですが、気がついたでしょうか。そうです。魚がパックに入っておらず、むき出しで売場に並んでいる姿が見て取れると思います。当時は、実際に買う段になってから、商品を紙や袋で包んでくれるしくみだったのですが、それに対して、あらかじめパックに入って売場に並ぶ今のしくみは、「プリパッケージ・

システム」と呼ばれています。

このプリパッケージ・システムを確立していくプロセスこそが、食品スーパーが「職人の世界」から脱却していくプロセスにほかなりませんでした。

一九六七年に、関西スーパー社長の北野祐次は、アメリカ視察へ出かけ、ハワイで現地のスーパーマーケットを見学して衝撃を受けます。そこでは、冷蔵オープンケースや大型冷蔵庫に生鮮品が並び、無駄のない買いやすい分量でプリパッケージが行われていました。北野は、「日本の総合スーパーはスーパーマーケットではない」との思いを抱き、帰国後にシステム革新へと邁進《まいしん》します。

図4−6　関西スーパーにおける対面販売当時の鮮魚売場（『関西スーパー25年のあゆみ』関西スーパーマーケット、1985年、52頁）

当然、まずはアメリカで見たものを再現しようとします。しかし、商品や気候の違いが大きく、そのままではうまくいきません。青果は、アメリカでは露地栽培が中心でしたが、日本ではハウス栽培が中心でその分弱く、肉は、アメリカではブロック肉が中心でしたが、日本ではスライス肉が好まれ、魚は、そもそもアメリカではそれほど多く扱われていませんでした。多湿で四季の温度差が大きい日本の気候は、生鮮品の取り扱いをいっそう難しくしていました。

結局、実際の技術開発は、自分たちで一から取り組む必要に迫られ、ときにメーカーの力を借りながら、冷蔵庫や冷蔵ケースの開発、包装用フィルムや発泡スチロールトレイの改良に取り組んでいきました。

同時に、加工作業を分析し、職人に頼らない方法を編み出して、徹底した分業と、作業の単純化・標準化によって、誰にでもできる作業へと分解していきました。

たとえば、刺身の加工作業では、一人が一匹をまるごとさばくのではなく、①頭としっぽを落とし、ハラワタを除いて三枚に開く工程、②切り身にして盛りつける工程、③パックにして計量・値付けをする工程、という三つの工程をそれぞれ一人ずつが担当する形をとるようにしました。

こうして、すべての作業をマニュアル化したうえで、研修を通じて習得させることにより、パートやアルバイトの素人でも、加工ができるようになりました。その結果、店頭での売上動向を見ながら在庫量を調整することも容易になり、生鮮品の売場も、店全体の経営方針に沿って思い通りに運営できるようになったのです。

関西スーパーでは、一九七六年に開店した広田店（西宮）において、プリパッケージ・

システムの完成をみたとされています。以後、北野社長は、「オール日本スーパーマーケット協会」（ＡＪＳ）という業界団体でノウハウを公開し、あるいは直接指導によってそのノウハウを積極的に同業他社へ伝えていきました。関西スーパーが完成させたシステムは、「関スパ方式」と呼ばれ、食品スーパー業界の発展に大きく寄与していったのです。まもなく総合スーパーもプリパッケージ・システムを導入し、食品部門が採算のとれる部門へと生まれ変わっていきました。

なお、作業の単純化・標準化が進んだと言っても、食品をめぐる嗜好の地域差がなくなったわけではありません。そのため、日本の食品スーパーは、上位企業であっても、全国チェーンという形ではなく、数県レベルのリージョナル・チェーンを中心に展開するなど、地域性豊かな広がりをみせています。

そうした状況を反映して、国際比較の点からみても、日本における食品小売業の上位集中度が低いことは、しばしば指摘される通りです。近年のデータ（アメリカのみ二〇〇四年、その他は二〇〇六年）でも、上位五社シェアは、アメリカが四七・七％、フランスが五九・二％、ドイツが七九・七％、イギリスが五六・三％であるのに対して、日本は一三・二％と極端に低いものとなっています（高橋佳生「流通構造の変化と取引慣行の変容」）。

主婦パートをめぐる状況

以上のような形で業務の単純化・標準化が進んだスーパーは、以後、急速に「パート・アルバイトの世界」へと変貌していきます。

表4－3は、大手総合スーパーのイトーヨーカ堂について、店舗数と従業員数を整理したものです。表に注記したように、パート・アルバイトに関しては、就業時間八時間で換算した月平均人数をもとに算出されています。この表によれば、イトーヨーカ堂では、一九七〇年代から八〇年代にかけて、パート・アルバイトの比率が急上昇し、一九九〇年の時点で、六割に迫る比率へ達していたことがわかります。

	店舗数（店）	1店舗当たり従業員数（人）	うちパート・アルバイト（％）
1970年	19	118	11.5
1975年	49	186	27.4
1980年	92	198	37.5
1985年	121	199	48.1
1990年	138	222	58.7
1995年	149	235	56.6
2000年	176	235	60.0
2005年	181	266	73.4

（出所）イトーヨーカ堂編『変化対応』2007年、巻末資料。
（注）パートタイマー・アルバイトは8時間換算による月平均人数。

表4－3　イトーヨーカ堂の店舗数と従業員数

二〇〇二年の「商業統計」によって業態別に比較すると、従業者総数に占めるパート・アルバイト（八時間換算せず）の比率は、百貨店が四一・一％、総合スーパーが八〇・五％、食品スーパーが七八・二％、コンビニエンス・ストア（法人のみ）が八三・三％となっており、スーパーが、コンビニエンス・ストアとともに、パート・アルバイトへの依存度が高い業態であることがうかがえます。

ただし、同じ統計からパート・アルバイトの女性比率を比べると、総合スーパーが八五・九%、食品スーパーが八三・九%であるのに対し、コンビニエンス・ストアが五六・三%となっています。これは要するに、コンビニでは、学生やフリーターを中心としたアルバイトが多いのに対し、スーパーでは、既婚女性を中心としたいわゆる「主婦パート」が多いことを示していると言えるでしょう。

こうして、スーパーは一九八〇年代にかけて、主婦パートの大きな受け皿の一つとなっていきました。パート労働自体は低賃金で待遇が悪くとも、一家の主な収入は夫が稼いでいるという前提があったために、既婚女性が余暇・家事・育児と両立しながら働ける場として受け入れられていったのです。第3章で見た中小小売店の商店主婦とは異なり、そこには、時間の面からも、家族で消費生活を満喫しようとする主婦の姿がありました。

企業の側からみると、人件費を低く抑えられることは言うまでもありません。加えて、社会保障制度のしくみも、主婦パートのような女性の働き方を後押ししました。具体的には、一九六一年に、サラリーマンの配偶者控除が導入され、一九八五年の年金制度改革では、主婦自らが保険料を負担せずとも基礎年金を受給できる「第三号被保険者」が設定されました。周知のように、前者は「一〇三万円の壁」、後者は「一三〇万円の壁」と呼ばれ、既婚女性をその年収以下にとどめるような働き方に誘導するものとなったのです。

しかしながら、このようなパート主婦をめぐる安定した状況は、長く続くものではありませんでした。バブル崩壊から長く続く「平成不況」によって、夫が正規雇用のもとで一家を支えられる定収入を得ている、という前提条件が次第に失われていったためです。今やグローバル化の波に飲まれて、そうした前提はすっかり崩れ、社会保障制度の見直しが急務となっていることは、われわれが日々目にしている通りです。

実は、その間に、主婦パートの労働のあり方にも、大きな変化がみられました。一九九〇年代以降、主婦パートは、それまでの補助的存在という位置づけに代わって、正社員並みの基幹的な労働を任されるようになっていったのです。食品スーパーで言えば、加工作業だけでなく、売場で売れ行きを見ながら、加工の分量やタイミングを正社員と相談するような主婦パートが登場していきました（本田一成『主婦パート 最大の非正規雇用』）。

家計に占めるパート収入の位置づけも大きく変化しています。厚生労働省「パートタイム労働者総合実態調査」からは、「家計の足しにするため」に働く「家計補充」型の割合が徐々に減り、「生活を維持するため」に働く「生活維持」型が増大していく傾向が見て取れます。二〇代後半の「生活維持」型の女性パートは、一九九〇年の三四・四％から、二〇〇一年には六四・〇％、三〇代前半では二五・四％から四五・七％へ、三〇代後半でも二五・〇%から四〇・二%へと、それぞれ倍増に迫る動きを示しています。

一方で、家庭内にあっては、主婦パートが、専業主婦と同水準の家事・育児負担を求められる状況が続いています。女性の就業形態別に、主婦パート世帯、専業主婦世帯、そして、妻がフルタイムで働く「キャリア・ワイフ」世帯という分類でみると、主婦パート世帯の夫が、もっとも家事・育児に非協力的だとするデータもあります（以上、同前）。

もちろん、夫の側にも事情があります。妻が働きに出なければならないほど家計が苦しく、しかし、主婦パートでは十分な収入を得られないために、自分も仕事に割く時間を増やさざるを得なくなって、家事や育児にまで手が回らないのでしょう。いずれにしても、主婦パートの肩に、家事・育児の負担が重くのしかかっていることに変わりはありません。

このように、主婦パートをめぐっては、労働に関わる負担が重くなる一方で、低賃金で待遇が悪いという条件が改善しないまま今日に至っています。主婦パートは、「生活維持」を目的としながらも、「主婦」として家事や育児の負担も一身に背負い込み、社会保障制度の「壁」との間でも板挟みになっているのです。

「消費者」からスーパーを捉え直す

さて、ここで時計の針を戻して、いよいよ本題である「消費者」の問題から、スーパーを捉え直してみることにしましょう。

すでに述べたように、経済の専門家や企業経営者、政策担当者といった人びとではなく、買い物をする人たち自らが、「消費者としての私」という意識をもつようになったのは、一九六〇年代以降のことでした。日々の暮らしのなかで、「消費者」という言葉に接する機会も、この時期から急速に増えていくことになります。

たとえば、『読売新聞』データベースを使って、「消費者」という言葉を見出しに含む記事の数を整理してみると、創刊の一八七四年から一九三〇年で二八件、一九三一～四〇年で五四件、一九四一～五〇年で九九件、一九五一～六〇年で二二〇件、一九六一～七〇年で九九六件、一九七一～八〇年で二三三七件、一九八一～八九年で一一〇一件となっており、一九六〇～七〇年代が「消費者」の時代と呼べる状況にあったことがわかります。

その背景には、もちろん高度経済成長による消費生活の大きな変化がありました。人びとの所得水準が上昇し、消費活動への関心が高まる一方で、新製品や新素材が次々に登場して、市場にモノが溢れかえるなかで、何をどのように選んで買えばよいのか、という買い物をめぐる問題が、多くの人びとにとって重要な関心事となっていったのです。

また、アメリカにおけるコンシューマリズムの高まりにも注目が集まり、特に、一九六二年にアメリカのケネディ大統領が、「消費者の利益の保護に関する米国連邦議会への特別教書」において、「消費者の権利」（①安全を求める権利、②情報を知らされる権利、③選択する権利、④意見を反映させる権利）を提唱したことは、日本にも大きな影響を与えました。

現実に、欠陥商品、不当表示、添加物、食品事故、薬害などの深刻な問題も起こり、物価高が進行していくなかにあって、「消費者としての私」には、守るべき立場や利害があると認識されるようになります。一九六〇年代後半には、「消費者主権」や「消費者は王様である」という言葉がよく使われ、「消費者の側が、生産者や流通業者を主体的に取捨選択する権利がある」という考え方が、日本のなかでも広まっていきました。

このように、多くの人びとが豊かな消費生活の実現に向けて、キラキラした希望を抱き、「消費者としての私」という意識を芽生えさせていくなかで、消費者運動も活発になっていきました。といっても、今のように、フェイスブックやツイッターなどのＳＮＳを使った、それぞれの消費者から自発的に湧き上がるような運動ではなく、意識の高い指導的な立場にある人びとが主導し、あるべき「消費者」としての姿を啓蒙するような、上からの運動という性格が強いものでした。

私たちは、正しい知識を身につけて、上手に買い物をする「賢い消費者」にならなければばならない。私たち「消費者」の正しい選択こそが、日本から欠陥品や不良品を追放し、メーカーに製品改良を促すことにつながる。それが積もり積もって、日本産業の国際競争力を高めることにもつながるし、物価高を是正することにもなるのだ。当時の消費者運動は、このような理念に支えられて盛り上がっていきました（原山浩介『消費者の戦後史』）。

消費者運動と流通革命

現実の消費者運動には、いくつかの流れがあり、それぞれに歴史があるのですが、ここでは立ち入る余裕はありません。本書の関心からは、一点だけ、当時の消費者運動が、「流通革命」の理念に共鳴するものだったことを強調しておきたいと思います。

たとえば、「日本消費者協会」（一九六一年設立）という団体の機関誌には、「物価上昇と流通機構」という記事が載っています（『月刊消費者』六六号、一九六五年二月）。消費者物価が上がり続けている原因の一つは、消費財の流通費用がかかりすぎていることにあり、そこには、「流通段階がひじょうに多くて複雑だということ」と、「小売店や卸問屋の規模が小さくて、数が多い」ということの二つの背景があるといいます。そのうえで、そうした状況を改め、「流通経費の合理化」を実現するものがスーパーなのだ、という内容ですから、まさに一九六〇年代に広まった「流通革命論」をそのままなぞった記事になっています。

先述した消費者運動の理念からすれば、スーパーで買い物をすることこそが、「賢い消費者」のあるべき姿勢であり、その結果として、流通機構も「合理化」されて、物価高という問題も解決されていくのだというストーリーが見えてきます。今の時点から見ると、そこには、スーパーが発展することで、商店街のパパママ・ストアが潰れてもいっこうに構わない、というよりも、むしろそのほうが望ましい、という感覚が前提になっているように感じられます。アメリカのような「太くて短い」流通機構こそが、流通費用のかからない効率的なものなのだという発想です。

しかし、「流通費用」や「流通経費」というのは、見方を変えれば、流通に携わる人びとの所得を構成するものに他なりません。スーパーの発展によって、パパママ・ストアが廃業に追い込まれれば、その限りでは、多くの人びとが「労働」の場を失うことになります。多くの人にとって、消費のために必要な所得は、何らかの「労働」によって得なければならないはずです。このような問題について、一九六〇年代における多くの消費者運動は、十分に向き合っていませんでした。

その背景の一つに、消費者運動が主婦の運動として起こったため、消費以外の領域に目が届きにくかったことが挙げられます。先に紹介した中内㓛の回想を覚えているでしょうか。ダイエー一号店に冠した「主婦の店」の「主婦」とは、「消費者」のことだったという内容です。このような言い換えが可能なほど、一九六〇年代の「消費者」とは、まず誰よりも「主婦」のことだったのです。再三強調しているように、「主婦」とは、家庭内でもっぱら消費という領域を担う存在でしたから、その消費を可能にする所得はどこから生まれるのか、といった問題が視野に入りにくくなっていました。

さらに重要な時代背景は、高成長経済という特殊な条件が、「成長がすべてを癒してくれる」ような環境をつくっていたことです。仮に流通機構の「合理化」が達成され、多くの商人が廃業に追い込まれたとしても、他に就業の機会を得られるならば、それほど大きな問題にはならないかもしれません。あるいは、徹底した安売りを求めても、生産や流通の効率性が飛躍的に上昇し、経済の規模そのものが大きく拡大していくなかにあっては、コストの低下が所得の低下に直結しないこともあり得るかもしれません。

その点で、例に挙げた日本消費者協会というのは、とてもおもしろい組織で、もともと「日本生産性本部」という組織のなかに設置されていた「消費者教育委員会」を母体としています。日本生産性本部というのは、財界と通商産業省が主導し、アメリカの支援を受けて活動していた組織で、一九五五年に発足しました。「生産性」というのは、要するに、生産効率のことで、官民一体となって、生産性向上のためのさまざまな取り組みを行っていました。

一般に、生産性というときには、労働者一人が一時間当たりどれくらいの生産量を生み出せるのか、という「労働生産性」のことを指します。労働生産性が上昇するということは、同じ分の生産量を生み出すのに必要な労働力が少なくて済むようになる、ということに他なりませんから、その限りでは、生産性向上は雇用を縮小させることにつながります。これを回避するには、生産性の上昇を上回る雇用増加を実現できるような、高い経済成長が必要になります。それができた特殊な時代が、高度成長の時代だったのです。

組織や影響力の大きさという点で、日本消費者協会が必ずしも一九六〇年代を代表する消費者団体と言えるわけではありません。「主婦連」（主婦連合会、一九四八年設立）や「地婦連」（全国地域婦人団体連絡協議会、一九五二年設立）など、有力な消費者団体は他にあるからです。しかし、日本消費者協会の設立発起人には、主婦連会長や地婦連会長を務めた人物も名を連ねていました。その意味では、一九六〇年代の消費者運動が、「生産性」や「経済成長」に寄り添う形で展開していたことを、象徴的に示す例として位置づけられると思います（『消費者の戦後史』）。

いかがでしょうか。ここまで見てきた「消費者」の理念は、今の私たちにとって、あまり違和感なく受け入れられるものであるように思います。インターネットの価格比較サイトを使って、最安値の店からモノを買うのは、たしかに「賢い消費者」でしょうし、異物混入などがあれば、SNSなどを使って直ちに情報を広め、企業側にきちんとした対応を求める声が上がるのも、「消費者主権」のたしかな行使であると言えます。

あるいは、「流通革命」の理念に共鳴し、徹底した「安売り」を求める態度も、今の私たちにとって、当然のように受けとめられるものです。しかし、少なくとも一九六〇年代当時においては、消費者運動が提示するそうした「消費者」像は、現実に買い物をする人びとの姿に、ピッタリと重なるものではありませんでした。そのことは、スーパーの発展が限定的だったという、これまでの議論からもうかがえるところでしょう。スーパーさえあれば「消費者の利益」は満たされる、というような状況では全くなかったのです。

大店法の成立

さて、以上のように、日本消費者協会という補助線を引いてみると、一九六〇年代には、通産省―「消費者」―「流通革命」という一つのラインができていたことが見えてきます。実は、通産省が所管する流通政策の分野においても、「流通革命」を後押しする動きがとられていました。

一九五六年に成立した第二次百貨店法は、基本的に戦前の第一次百貨店法の内容を踏襲したものでしたが、一点だけ重要な変更点がありました。第一次百貨店法が、規制対象を建物単位でみる「建物主義」をとっていたのに対し、第二次百貨店法では、企業単位で扱う「企業主義」をとるようにしたのです。駅ビルなど複数の事業者が入る商業施設を規制対象からはずすことがその狙いでした。

一方、この章で見てきたように、総合スーパーは、店舗の規模や扱う商品の分野という点で、百貨店と見紛《みまが》うようなものでした。その限りでは、百貨店法の適用を受けるはずのものに違いありません。しかし、高度成長期には物価高が深刻な問題となっており、先の記事のように、「流通革命」の旗手たるスーパーは、流通の近代化を進めて、物価問題も解決してくれる救世主とみられていましたから、通産省もこれを規制する考えは持っていませんでした。ダイエー中内㓛による次の回想は、通産官僚との生々しいやりとりを伝えています(『中内㓛』)。

岸田文武さんが〔通産省商政〕課長で〔中略〕私と会って話をするわけです。岸田さんは近代化を進めたいんですね。岸田さんは、「擬似百貨店で行こう。階層ごとに包装紙と従業員の制服を変えて、駅ビル方式で行こう。駅ビルが百貨店でないのは、包装紙と従業員の制服が違うからだ。だからダイエーもフロアごとに変えて、入店者という形をとって擬似百貨店にすれば、百貨店法にかからないで済むんだ」という。そのあいだに近代化を進めていこうということを考えていたわけです。

要するに、第二次百貨店法の「企業主義」をうまく利用して、スーパーがその規制から逃れるための知恵を、流通政策を所管する通産省自身が授けていたということです。いわば法の抜け穴を指南していたわけですね。実際に、ほとんどのスーパーが、フロアごとに別会社を作る形をとることで、百貨店法の適用を免れて発展していきました。

当然、スーパーが拡大を遂げていくなかで、その影響を受ける中小小売商や、百貨店法で規制されていた百貨店から、スーパーの規制を求める声が高まっていきました。そうした声は、「大店法《だいてんほう》」（大規模小売店舗法）の成立に結実します。表4－4は、一九七三年に公布、七四年に施行された大店法の内容をまとめたものです。

まず、規制対象については、基準以上の売場面積をもつ全ての小売店舗を対象として、「建物主義」を採用したところがポイントです。第二次百貨店法の「企業主義」を改め、スーパーを規制の対象とした点に、大店法の眼目がありました。大店法の成立とともに、第二次百貨店法は廃止され、百貨店も大店法の規制対象に含められることになりました。

そして、第一次・第二次ともに百貨店法が許可制をとっていたのに対し、大店法におい

1. 規制対象

以下の基準を満たす売場面積をもつ全ての大規模小売店舗が対象
都の特別区および政令指定都市は3,000㎡以上、その他は1,500㎡以上
→建物という単位を対象とする「建物主義」を採用

2. 事前審査付き届出制

対象となる店舗の新増設にあたっては、営業開始の4～6ヵ月前に、
店舗面積、開店日、営業時間、休業日などの届出を行う
届出を受けて、通産大臣は「大規模小売店舗審議会」(大店審)の意見を聞いた上で審査し、調整のために必要な措置・勧告・命令を行う
大店審の意見は、「商業活動調整協議会」(商調協)に諮られる

3. 調整できる項目は以下の4つ

店舗面積の削減、開店日の延期、閉店時刻、休日日数

表4－4　大店法の内容(1973年公布・74年施行)

ては届出制を採用しています。規制としては、許可制のほうが厳しく、原則としては禁止だが、許可がある場合にのみ認められるというのが許可制の考え方です。一方、届出制というのは、原則的に行ってよいが、届出だけはしてもらうという考え方で、許可制に比べれば、規制としては緩やかなものです。

ただし、大店法の場合には、「事前審査付き」という特別な条件がついています。その審査は、通産大臣が最終的な権限をもつ形で行われますが、通産大臣は「大店審(大規模小売店舗審議会)」の意見を聞くことになっており、「大店審」の意見は、「商調協(商業活動調整協議会)」に諮られることになっています。したがって、実質的には、この「商調協」の場で調整が行われることになります。調整できる項目は、店舗面積の削減、開店日の延期、閉店時刻、休日日数の四項目です。

そうなると問題は、商調協の場でどのように調整が行われるのか、というところに絞られるわけですが、商調協は、各市町村の商工会議所などに設置され、地元商業者代表、消費者代表、学識経験者など二〇人前後の委員会で成立するというほかに、大店法の目的に照らして議論するという以上の、具体的な調整の指針を与えられていませんでした。

大店法の第一条は、その目的を次のように記しています。

消費者の利益の保護に配慮しつつ、大規模小売店舗における小売業の事業活動を調整することにより、その周辺の中小小売業の事業活動の機会を適正に確保し、小売業の正常な発達を図り、もつて国民経済の健全な進展に資することを目的とする。

この条文のなかには、①消費者の利益の保護、②中小小売業の事業機会の確保、③小売業の正常な発達という三つの大きな目的が盛り込まれています。少し考えてみればわかるように、この三つの目的は、必ずしも同時に達成できるものではなく、それぞれの間で衝突が生じうるものです。しかし、その場合にどのような指針で調整を行うべきかは、法律の枠組みのなかでは何も具体的に示されていませんでした（田村正紀『大型店問題』）。

現実には、大店法の成立以降、届出制という本来の規制のあり方を大きく超える形で、大型店の出店に強いブレーキがかけられていきます。有名な静岡市の例では、イトーヨーカ堂が一九七六年に出店を表明しましたが、地元の商店街は商調協のテーブルにつかないという形で抵抗を続け、店のオープンにこぎつけたのは、実に一〇年後の一九八六年という状況でした。同様に事実上の出店阻止をめざす抵抗は各地で起こり、「大型店紛争」と呼ばれることになります。

厳しい規制はどこから生じたか？

そこへ、地方自治体が独自の厳しい規制を敷く動きも広がっていきました。一九七六年の大阪府豊中市における条例制定を皮切りとして、大店法の基準面積を下回る店舗まで規制の対象としたり、事前に地元商店街の同意がなければ届出を受理しない規定を設けたりといった形で、大店法の内容を踏み越えた規制を敷く例が続出していきます。一九七八年九月の時点で、その動きは三九府県、一七〇市町にも及んでいました（「要綱」含む）。

こうした状況を受けて、一九七八年には大店法が改正（一九七九年施行）されます。規制対象となる基準面積を五〇〇平方メートル以上にまで引き下げることとし、改正前の基準を満たす店舗を「第一種大規模小売店舗」、それ以下の基準で改正後の規制対象となるものを「第二種大規模小売店舗」とするなど、大型店に対する規制が強化されるようになりました。

それでも地方自治体による独自規制の動きは止まらず、一九八九年に通産省が調査した結果によれば、五〇〇平方メートル以下も規制対象とする独自規制は、二三都道府県、九九一市町村にも上り、事前に商店街の同意を求めるなどの規制も、一二都道府県、一〇五市町村へと広がっていました（川野訓志「大規模小売店舗法」）。

加えて、法的な拘束力はないものの、「大型店出店凍結宣言」を発表する動きも登場しています。たとえば、一九七七年には、宮城県小売商近代化協議会が三年間の出店凍結を宣言、一九八〇年にはこれをさらに五年間延長する宣言を行い、佐賀県唐津市では、一九七九年に「オーバーストア」状態にあるとして、二年間にわたる大型店の出店凍結を宣言、京都市会では、一九八一年から五年間の凍結を宣言しています。この一九八一年には、全国二八都道府県、六三市町の商工会議所などで同様の宣言が採択される事態となりました（石原武政編著『通商産業政策史4』）。

さて、同時代の報道や専門家の議論を含めて、このような大型店に対する厳しい規制の実態は、中小小売商や商店街による激しい抵抗運動や政治的圧力の結果であり、「消費者の利益」を大きく損なうものだとして、多くの批判を浴びてきました。以下では、先に見た「消費者」の歴史的な位置づけを踏まえたうえで、私なりにこの問題を再考してみたいと思います。

現実の消費者と理念としての消費者のズレ

もともと、大店法のなかに、「消費者の利益」への配慮が明記されたことは、日本の流通政策において初めてのことで、画期的だと高く評価されてきました。第1章では、第一次百貨店法のなかに、「消費者の利益」への配慮という観点が認められることを述べましたが、それはあくまでも、立法の意図として、法案の準備過程でそのような議論が積み重ねられていたということであって、条文のなかには、「消費者」という言葉は盛り込まれていませんでした。

所管官庁である通産省が、大店法に「消費者の利益」という文言を盛り込んだねらいは、大型店の過度な規制を牽制することにありました（深津健二「大型店規制と消費者の利益」）。通産省は、大型店の発展が「消費者の利益」にかなうとみて、百貨店法よりも規制を緩やかにしようと目論んでいたのです。通産省―「消費者」―「流通革命」というラインを念頭に置いて、物価問題の観点も踏まえれば、その背景はよく理解できるでしょう。

しかし、そこで念頭に置かれた「消費者の利益」とは、端的に言えば、スーパーで安くモノを買うという「利益」です。一方で、当時の現実に買い物をする人びとは、近くにお店があって、掛売りや配達のサービスがあり、きめ細やかな対応をしてくれる中小小売店や商店街を利用することにも、はっきりと消費者としての「利益」を認めていました。そして、そこには、地域の論理と消費の論理が、綯《な》い交《ま》ぜになって人びとの生活を成り立たせている世界が広がっていました。

一九八四年に、京都市内在住の主婦を対象として行われた調査によれば、京都市会が一九八一年に採択決議した「大型店出店凍結宣言」に対して、「はっきり反対」が八・九%、「あまり賛成できない」が一八・三%で、明確に反対の意見を表明した人は合わせて二七・二%にとどまっています。一方、「宣言に大賛成」は七・七%、「まあ賛成」は二三・八%で、賛成者の合計は三一・五%に上り、反対者を上回っています。最も多いのは、「どちらともいえない」という四一・四%ですが、明確な反対を表明しなければ、政治的には「暗黙の了解」を与えている状況とも解釈できるので、賛成者と合わせれば、七割を超える人びとが、ともかくも宣言を了解していたことになります（石井淳蔵『商人家族と市場社会』）。

本書の立場からみると、この調査結果は、理念としての「消費者」像と、現実の消費者の姿とのズレをよく物語っているように思えます。京都市会のこの宣言に対して、関西主婦連合会の副会長や、京都市消費者団体連合会の会長が、消費者団体という立場から、

「消費者として納得できない」「消費者不在の宣言だ」という反対の声明を即座に出したこと(同前)、そうしたズレを象徴するできごととして、私の目には映り込んできます。

読者の方のなかには、「京都の例は伝統があって特別だから」と思われる方もいらっしゃるかもしれません。しかし、この事例が照らす地域商業への視座の広がりは、通産省の打ち出す「ビジョン」にも及んでいきました。一九八三年一二月に「80年代の流通産業と政策の基本方向」としてまとめられ、翌八四年に『80年代の流通産業ビジョン』として刊行された構想は、「社会的有効性」という新しい評価軸から、地域商業の役割に新たな光をあてていました(『通商産業政策史4』)。

たとえば、「地域密着型小売業の役割」として、次のような記述がみられます。

消費者に生活必需品を供給する小売業、とりわけ消費者の近隣周辺に立地する地域密着型小売業は、広域型商店街等における買回り性の強い小売業とはおのずから役割が異なっており、地域住民の基礎的なニーズを効率的かつ的確に充たしていかねばならない。地域住民にとって生活環境の良否は、これらの機能を有し、便利で親しみがもて、社会的コミュニケーションの場でもある地域密着型小売業が近くにあるかどうかに大きく左右される。

その上で、従来の流通近代化を求める発想が、「経済効率性」という視点に立ったものであったのに対し、これからは社会システムの側面をも積極的に評価し、「社会的有効性」も同時に追求する必要があるとして、次のように述べています。

特に小売業は地域に根ざした産業であり、地域社会において、社会的コミュニケーションの場として、また、地域文化の担い手として、社会的・文化的機能をも果たしている。すなわち、地域小売業は地域文化や地域住民の生活の中に溶け込むことによって各地域独自の生活空間を形成しており、こうした地域小売業の「社会的有効性」に対する配慮が必要となっている。

ここには、商店街に象徴される地域商業の機能を積極的に評価することで、大型店の進出を抑制する根拠を、新たな観点から示そうとする意欲が溢れています。「消費者としての私」と「地域住民としての私」を結び合わせる小売の形が、たしかに視野に収められていました。

ところが、現実には、そうした方向からの大型店規制に関わる議論が熟さないうちに、大店法は一九八〇年代半ばから、規制緩和の方向へと大きく舵を切っていきました。とりわけ、一九八九年に始まった日米構造問題協議は、大店法の廃止を求めるアメリカからの「外圧」が吹き荒れる舞台となり、規制緩和に向かう流れを決定づけることになりました。

同時に、一九八〇年代半ばから本格化した乗用車の普及と、幹線道路網の整備は、小売店の立地を大きく変え、大店法の有効性自体に疑問が投げかけられるようになっていきます。皮肉なことに、地元商業者の政治力が出店調整に影響する大店法の枠組みは、商業者が相対的に少なく、政治的な力を十分に持たなかった郊外地域へと、大型店を誘う一因となりました。加えて、個別地域ごとの出店調整を基軸とした大店法のしくみのもとでは、地域間の競争を十分に調整することができないという問題も顕在化していきました。

結局、二〇〇〇年に大店法が廃止され、日本の流通政策は、一九三七年の第一次百貨店法に始まる調整政策という一つの骨格を失うことになったのです。代わって成立した「まちづくり」政策のなかで、コミュニティ形成に向けたさまざまな取り組みを、「消費者の利益」とどう結び合わせることができるのか、という問題に直面していることは、第3章で述べた通りです。

第5章

コンビニエンス・ストア

——日本型コンビニと家族経営

「日本型コンビニ」は家族経営

コンビニエンス・ストアという小売業態は、もともとアメリカで生まれ、日本はあとからそれを導入したのですが、日本流にさまざまなアレンジを加えることによって、日本で特異な発展を遂げていきました。それは「日本型コンビニ」とでも呼べるようなもので、さまざまな革新的要素に満ち溢れた画期的なシステムによって支えられています。

そのなかでも大きな特徴は、店舗経営の担い手です。直営店を多く抱えるアメリカとは違い、日本のコンビニにおいては、ほとんどがフランチャイズ店によって占められています。しかも、そのフランチャイズ・オーナーとして店主になるためには、「家族で従業する」という条件を満たす必要があるのです。

今、大手コンビニチェーン各社のホームページから、加盟店募集の要綱を見てみると、セブン-イレブン・ジャパンでは「ご夫婦、親子、ご兄弟で経営に専念できる60歳までの方」、ローソンでは「店舗専従者2名で（ご夫婦・親子・ご兄弟）（三親等以内のご親族）経営していただける方」という要件があり、ファミリーマートでは「同居する夫婦、親子、兄弟、3親等以内の親族」を対象とした「家族加盟促進制度」というものを設けています。

各社のホームページとも、イラストや写真には夫婦のイメージが使われていますから、特に夫婦での経営を念頭に置いていることがわかります。なかでも、業界最大手であるセブン-イレブンのホームページは、「オーナーさまインタビュー」という毎月更新のページに、さまざまなオーナー夫婦の声を載せ、開業をめざす人たちの不安を和らげようとする工夫が凝らされています（http://www.sej.co.jp/owner/about/ 二〇一五年二月一九日閲覧）。

そのなかで、「セブンオーナーの本音を聞いてみよう!!」というコーナーには、「24時間営業って大変ですか？」「休みはとれていますか？」「本部のサポートは実際どうですか？」という三つの質問に答える形で、オーナーの声が掲載されています。たとえば、「24時間営業って大変ですか？」に対しては、とあるオーナー（二〇〇四年四月オープン）が、次のように答えています。

最初の数ヵ月は仕事は山積みで1日2―3時間の睡眠時間で働く日々。／でも、こんな状況でも「やってよかった！」と思っていましたね。仕事がなくなってしまうという不安やしがらみもなく、本質的なところで仕事に没頭できることに幸せを感じていました。／今では信頼して任せられるスタッフも増え、しっかり休みを取れるようにもなりました。

これとは別に、「気になる質問にセブンオーナーの奥さんが答えます!!」というコーナーも設けられており、「家庭との両立は大変ですか?」という質問には、二〇一二年七月にオープンした別のオーナーの奥さんが、次のような声を寄せています。

お客さまからは「大変ね」と言われますが、1日のサイクルに慣れてしまえば何とかなるもの。朝は家族みんなで朝食をとり、子どもを学校に送り出してから出勤。／洗濯やアイロンがけなど家事は帰宅後にやっています。もちろん疲れてしまうこともあるけど、そういうときは家族の助けを借りたり、ときには手を抜いて（笑）。すべてを100％でやろうとしないことはポイントかもしれませんね。

同じコーナーのなかで、「子育てに不安はありませんでしたか?」という質問に、また別のオーナー（二〇〇六年二月オープン）の奥さんが、以下のように答えています。

当時子どもがまだ6歳と3歳で、子育てとの両立については正直不安でした。でも親や周囲の不安をよそに、子どもの方が強くなって。早いうちから留守番できるようになりましたし、病気だってしなくなりました。自立した子どもたちをみると頼もしく感じます。

さて、セブン-イレブン・ジャパンによれば、コンビニオーナーに家族という要件を付す方針は、もともと本家であるアメリカの会社に由来するものではなく、日本オリジナルなものとして生まれたそうです。「夫婦が互いにパートナーとなってコンビニ店を経営しなければ、長時間営業の店の経営は難しい」というのは、「大手コンビニ本部各社が口を揃えて言うことだ」といいます(石井淳蔵『商人家族と市場社会』)。

この章では、日本におけるコンビニエンス・ストアの歴史的展開を追いかけながら、特にフランチャイズ・システムの意義や、オーナー夫婦の労働にスポットをあてることで、日本型流通の歴史のなかに、コンビニを位置づけてみたいと思います。商店街があったからこそ、日本型コンビニが発展し得たということを明らかにしていきましょう。

コンビニエンス・ストアの四つの特徴

具体的な歴史を見ていく前に、コンビニの特徴を整理しておきます。

もともとコンビニはアメリカで生まれたものですが、日本で完成されたと言ってよいものなので、ここではそうした歴史を踏まえて出来上がった内容を、簡単に整理しておきたいと思います。ポイントは、以下の四点にまとめられます。

①買い物の便利さを消費者に提供　…年中無休、長時間営業、最寄り立地
②ＰＯＳシステムを用いた商品管理の徹底　…「売れ筋」と「死に筋」の把握
③「多頻度小口配送」の物流システム　…需要動向への柔軟な対応
④チェーンストア方式の採用　…日本ではフランチャイズ・チェーン（ＦＣ）が中心

まず、①は言うまでもなく、コンビニエンス（convenience）という名の由来となった基本的なコンセプトです。年中無休・長時間営業で、近くにあるという最寄りの立地によって、消費者に便利さを提供することに、この業態の特長があります。「いますぐに欲しい」という消費者の欲求に応える店として、基本的には定価販売を行い、「安売り」はしません。安さではなく、あくまでも便利さを武器にして顧客を得ようとします。

それが成り立つためには、「いますぐに欲しい」と思えるものが、きちんと店頭に並んでいなければなりません。それなりに多くの品揃えも求められます。しかし、店舗の規模は小さく、日本においては、だいたい売場面積一〇〇平方メートル程度が標準的なサイズとされていますから、在庫を多く抱えることもできません。そこで、②のＰＯＳシステム

が大きな役割を果たします。

ＰＯＳシステムとは、Point of Sales System のことで、日本語に直せば、「販売時点情報管理システム」という意味になります。レジの端末から情報を集めて、「いつ、どんな商品が、いくらで、どのくらい売れたのか」を単品レベルで集計できるシステムです。コンビニは、このシステムを他に先駆けて本格的に導入し、「売れ筋」を把握するとともに、逆に売れなくなった「死に筋」をいち早く売場から排除することで、狭い売場を効率よく活用することに成功しました。

その際に、実際のモノをどのように供給するかという問題を解決しなければなりません。店頭に在庫を多く抱えることができないため、需要の動向を睨《にら》みながら、必要なときに、必要な分だけ商品が配送されるようなしくみが必要になります。詳しくは後にみるように、日本のコンビニは、納入業者の協力を得て「多頻度小口配送」と呼ばれる、新たな物流システムを構築することに成功しました。これが特徴の③になります。

そして、④にある通り、コンビニはチェーンストア方式を採用し、仕入れは本部が一括して行う形をとります。各店舗は、本部が用意した推奨商品のなかから、自分の店に必要なものを必要な分だけ発注するのですが、実際に仕入れ先と交渉して、購買契約を交わすのは本部が一括して行います。一括仕入れによって、スケール・メリットを得ようとする点は、スーパーと変わりがありません。

ただし、スーパーと大きく異なるのは、コンビニではフランチャイズ・チェーン（FC）が多くみられるという点です。特に、日本の場合には、ほとんどがFCによって占められています。FCのしくみについては、図5－1をご覧下さい。(1)にあるように、FCの場合には、本部と加盟店との間に、フランチャイズ契約が結ばれ、本部から加盟店に対しては、経営のノウハウや商標・商号などを使用する権利が与えられます。一方、加盟店の側は、その対価として、加盟金を支払って契約を結ぶとともに、ノウハウや商標・商号などの使用料（＝ロイヤルティ）を支払う形をとります。

そのうえで、重要なポイントは、図5－1の(2)に示した本部と店舗との関係にあります。比較のために、通常のチェーンストア（＝レギュラー・チェーン）からみると、本部と直営店は、すべて一つの同じ資本の同じ会社となっていて、全体で一つの企業を構成しています。それに対して、フランチャイズ・チェーンの場合には、本部と加盟店は資本関係を持たず、それぞれ独立の会社として営まれており、加盟店同士も、別の人がオーナーであれば、資本関係を持ちません。つまり、コンビニのフランチャイズ・オーナーは、それぞれが独立した自営業者として店の経営にあたっているのです。

フランチャイズ契約に際しては、本部は加盟店に対して、さまざまなルールに従うよう

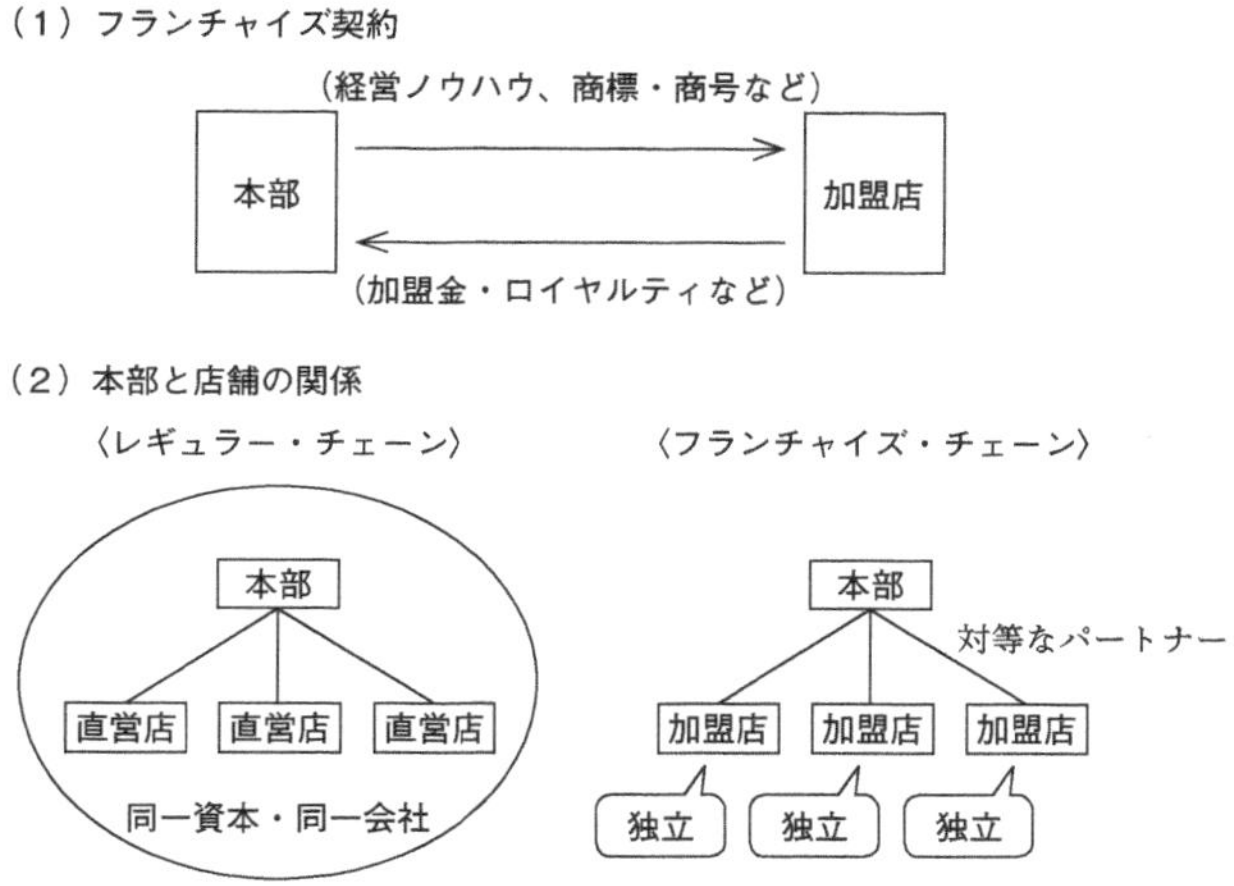

図5－1　フランチャイズ・チェーンのしくみ

求めます。本部は自らが開発した経営ノウハウや、看板となる商標・商号を大事に守っていかねばならないからです。しかし、加盟店は独立した自営業者であって、本部企業の社員ではありませんので、自分の店は自分の責任で経営していかねばなりません。両者はあくまでも「対等なビジネスパートナー」という関係にあるのです。ここに、本部と加盟店との間で、さまざまなトラブルが生じる基因があるのですが、具体的には本論のなかで見ていくことにします。

　以上のように、コンビニという業態は、年中無休・長時間営業・最寄り立地という利便性を消費者に提供し、コンパクトな店のなかに、売れ筋商品を取り揃えて定価販売を行うものです。在庫を極力減らしながら、定価で次々に商品を売っていくという姿は、「薄利多売」ならぬ「厚利多売」とも言える画期的なもので、そうして得た高収益を本部と加盟店で分け合うというのが、コンビニのビジネスモデルということになります。そして、それを支えるのが、ＰＯＳシステムに代表される高度な情報技術と、多頻度小口配送という革新的な物流システムなのです。

一九二〇年代アメリカの氷の小売販売店が起源

具体的な歴史を繙《ひもと》いていくと、コンビニエンス・ストアという小売業態は、前章で扱ったスーパーと同様に、アメリカで生まれました。一九二七年に設立された「サウスランド・アイス社」という氷の小売販売店に起源があります。

当時、サウスランド・アイス社では、氷で冷やすタイプの家庭用冷蔵庫に必要な角氷を販売しており、夏は週七日、毎日一六時間営業を行っていました。営業を続けるうちに、氷以外の商品も置いてほしいという顧客の要望を受けて、ミルク、パン、卵、タバコ、缶詰などを取り扱うようになっていきます。そうしたなかで、便利さという価値が武器になることを学んでいき、一九四六年に店名を「セブン‐イレブン」へ変更・統一する頃には、コンビニ業態の基本的なコンセプトを固めていたと言われています。

その後、アメリカのコンビニは、一九六〇〜七〇年代に急成長を遂げていきました。セブンｰイレブンの店舗数を見ると、一九六〇年には五九一店だったのが、一九七〇年には三七三四店、一九八〇年には六八九五店にまで急増しています。同時に、セブンｰイレブンは海外にも進出し、一九六八年にはカナダ、一九七一年にはメキシコとイギリスへ展開、一九七三年には日本のイトーヨーカ堂と提携することとなりました（川辺信雄『新版 セブンｰイレブンの経営史』）。

こうして、アメリカでコンビニという業態が急成長を遂げるなかで、日本においても、一九六〇年代末から七〇年代初頭には、この新業態を導入しようとする動きが広がっていきました。イトーヨーカ堂よりも先に、まず先鞭をつけたのは、当時、スーパーの展開に危機感を持っていた独立小売商や、そうした小売商を取引先に持つ問屋でした。

日本では一九六〇年代終わりから

日本で最初のコンビニとされるのは、一九六九年に開店した「マミー」（大阪府豊中市）で、これは独立小売商が「共同組合マイショップ・チェーン」という組織を作って展開したものです。一方、一九七〇年に開店した「Kマート」（大阪市）は、食品問屋「橘高」が主宰して取引先の小売商を組織したものです。同様に、一九七一年に開店した「ココストア」（愛知県春日井市）は、酒問屋「山泉商会」が、そして、同じ年に開店した「セイコーマート」(北海道札幌市)は、酒問屋「北海道西尾」がそれぞれ展開していました。

他方、一九七〇年代初頭には、総合スーパーを展開する企業も、コンビニ業態に手を伸ばし始めます。その後の発展を牽引していったのは、このタイプのコンビニでした。

一九七三年には、西友が「ファミリーマート」の実験店を開店(埼玉県狭山市)、一九七四年には、イトーヨーカ堂系列の「セブン-イレブン」一号店(東京・江東区豊洲)が開店、一九七五年には、ダイエーが「ローソン」一号店(大阪府豊中市)の開店に踏み切っています。一九八〇年には、ジャスコが「ミニストップ」、ユニーが「サークルK」、長崎屋が「サンクス」といった形で、それぞれコンビニ一号店を開店するに至りました。

大手スーパー各社が、この時期にコンビニという新業態の開発に乗り出した背景には、大店法の存在があります。第4章でみたように、一九七三年に公布、七四年に施行された大店法は、総合スーパーを新たに規制の対象に含めた法律で、これによって大型店の展開にブレーキがかけられていきました。そこで、大店法の規制にかからない小型店を開発することで、企業としてのさらなる成長をめざす動きが広がったのです。

そのなかで、西友は外資と提携せず、自力開発の道を選んだために、その後の展開で出遅れたのですが、イトーヨーカ堂は先述の通り、アメリカの「サウスランド社」と提携し、一号店開店の前年(一九七三年)に「ヨークセブン」という子会社を設立、ダイエーもアメリカの「ローソン・ミルク社」のノウハウをもとにして、アメリカからコンビニエンス・ストアのコンセプトを導入していきました。

日本型コンビニへの道

以後、コンビニは急速に拡大していきました。一九八〇年には、セブン-イレブンが一〇四〇店、ローソンが二二五店、ファミリーマートが七四店を数え、一九九〇年になると、それぞれ順に、四三二八店、三七〇〇店、二二三六店もの店舗を構えていました。業界最大手のセブン-イレブンを、ローソンやファミリーマートなどが猛追していった格好です。

その結果、一九八二年には、コンビニ全体の店舗数が二万三二三五店、小売総額に占める売上高のシェアが二・三%となり、一九九七年には、店舗数六万二九三二店、対小売総額シェア七・三%にまで拡大しました（高岡美佳「戦後の日本における小売業発展のダイナミズム」）。一九九七年の対小売総額シェアを比べると、百貨店が七・二%、総合スーパーが六・七%となっており、コンビニがこれらを上回っていたことがわかります。二〇〇〇年には、セブン-イレブンが、売上高でダイエーを追い抜き、小売業売上高第一位の座を手中に収めました。

以上のように、この間の発展ぶりには、改めて驚かされるものがありますが、その背後には、日本型コンビニへの脱皮とでも言うべき、日本企業によるさまざまな革新がありました。業界最大手のセブン-イレブンを例に、この点を整理しておくことにします。

まず、アメリカのサウスランド社から日本にそのまま導入されたものには、①セブン-イレブンという商標（看板）、②安売りでなく利便性を提供するというコンビニエンス・ストアの基本コンセプト、③フランチャイズ会計システム、という三点があります。

このうち、③について、当時の日本には、フランチャイズ・システムのしくみ自体はあったのですが、粗利益をベースに独自の方式でロイヤルティを徴収するやり方は、アメリカにおいて生まれたもので、それがそのまま日本にも持ち込まれました（金顕哲『コンビニエンス・ストア業態の革新』）。

他方、セブン-イレブン・ジャパンが独自に加えたアレンジとしては、①単品管理の徹底による「売れ筋」と「死に筋」の把握、②納入業者との「協働」を通じた多頻度小口配送の実現、③フランチャイズ店への高い依存、という三点を挙げることができます。

セブン-イレブンの本家であるアメリカのサウスランド社が、一九九一年に倒産すると、セブン-イレブン・ジャパンを展開する日本のイトーヨーカ堂グループは、日本型コンビニをアメリカに移植することで、その再建を図りました。もともとは一九七〇年代にアメリカから教わったはずのコンビニという業態は、この時期になると、逆に日本がアメリカに教えるものへと変わっていたのです。コンビニは日本で完成された業態と言っても過言ではありません。

以下、こうした日本型コンビニの特徴を形づくったセブン-イレブン・ジャパンを例に、特に多頻度小口配送(②)と、フランチャイズ展開(③)の詳しい実態を取り上げたいと思います。そのうえで、会計システムの問題に注目し、そこから、コンビニオーナーの労働をめぐる状況へと議論を進めていくことにしましょう。

多頻度小口配送はどのように実現したのか

コンビニの店舗は、標準的なものでおよそ一〇〇平方メートルという広さに、三〇〇〇から三五〇〇に上るアイテムを揃えます。その在庫スペースも小さな年中無休の小型店舗に、欠品のない定時配送が求められ、品揃え・価格・鮮度といった条件もクリアしなくてはなりません。コンビニ側にとっては、適当なタイミングに、適切な商品を必要な分だけ、適正な条件で店舗に納入してもらう必要があります。しかし、納入業者にとっては、それだけコストがかかり、一朝一夕に対応できるようなものではありませんでした。

こうした難しい課題に対して、セブン-イレブン・ジャパンでは、日本の問屋を活用しながら解決を図っていきました。本家アメリカのサウスランド社では、自社で流通センターを設立し、物流機能を自前で整えることで対応していましたから、セブン‐イレブン・ジャパンは、卸売流通をめぐる日米の違いを踏まえ、問屋が発達した日本型流通に立脚して対応するという判断を独自に下したことになります。

しかし、当時の一般的な卸売流通の姿は、メーカー起点の流通という性格が強く、コンビニの要求に応えられるものではありませんでした。メーカーによる特約店制度のもとで問屋がメーカーごとに系列化されていて、同業他社の製品を扱わないのはもちろん、最小の取引単位も、メーカーが出荷するケースの大きさに基づいて決まり、各店で必要な量を大きく上回る状況にあったのです。図5‐2の(1)は、そうした状況のもとで、問屋と店舗を結ぶ流通経路が、いかに錯綜したものであったかを示しています。

そこで、配送の集約化と共同化を進めていくことになりました。

集約化というのは、エリアごとに一つの問屋を「窓口問屋」とする形で、そこに各問屋分の商品を集めてエリア内の各店へ配送するというものです（図5‐2(2)）。これによって、必要となる配送車両の台数を減らすことができますし、一つの問屋にまとめることで、商品の発注や配送の単位を大きくできる利点もあります。

一方、共同配送は、牛乳、弁当、惣菜などの分野を中心に実施されたもので、各グルー

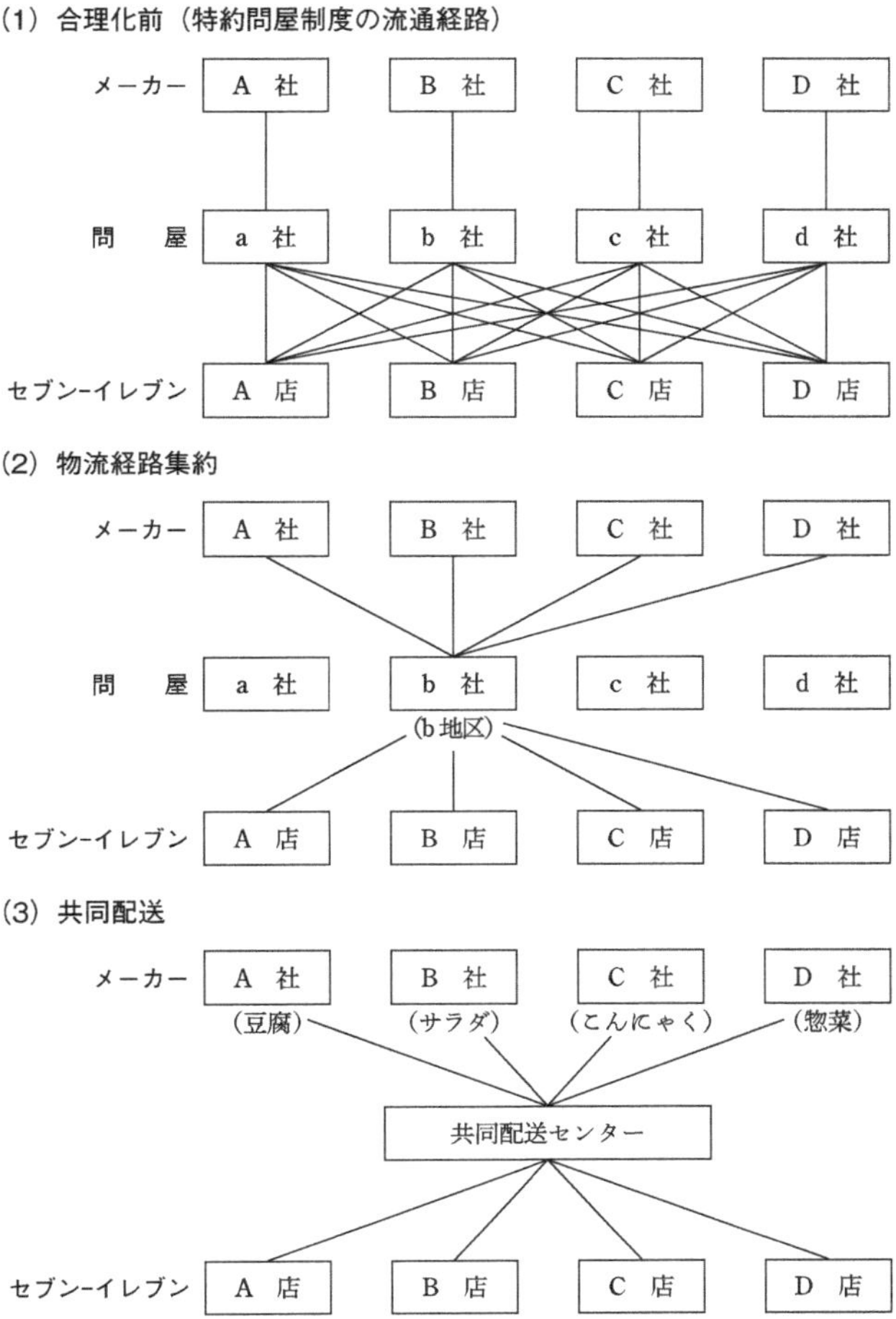

(出所)『新版 セブン-イレブンの経営史』有斐閣、2003 年、222 頁。

図５－２　配送の合理化

プごとに共同配送センターを設けて、発注された全商品をメーカーから集めて一括して店舗に配送するというものです（図5－2⑶）。配送センターは、メーカーと問屋を主体に経営されます。

一九七六年には早くも集約化の動きが始まり、一九七五年から開始された共同配送も広がって、一九八八年には全物量の八五％が集約・共同配送化されました。その結果、一店舗への一日当たりの配送台数は、創業時の七〇台という驚くべき数字から出発して、集約化を開始した一九七六年の四二台から徐々に低下し、一九九〇年には一二台にまで抑えることができました（『新版　セブン－イレブンの経営史』）。

コンビニおにぎりを支えるしくみ

ただし、多頻度小口配送は、物流の変革だけでは完成しません。おにぎり、お弁当、調理パン、サラダ、調理麵、その他各種の惣菜やチルド商品などは、必要なときに必要な分だけ無駄なく納入するために、製造を含むトータルな供給システムの構築が求められるからです。

そもそも、これらの商品は粗利益が高く、店にとって儲けの大きい分野であるとともに、単身者の増加と、個食化および「中食《なかしよく》」の拡大といった時代のニーズにマッチするものでもありました。コンビニ各社が独自の魅力的な商品を取り揃え、他社との差別化を図れる分野でもあります。日本型コンビニにとっての、大きな収益の柱と言ってよい戦略的な商品分野です。

しかし、日持ちのしない商品でもあり、多くはその日のうちに売り切らなければ、廃棄処分となってしまいます。逆に、廃棄によるロスを減らそうと発注量を抑えると、今度は欠品という形で売り逃しの危険性が高まってしまいます。そこで、ＰＯＳシステムによる販売動向の把握を踏まえて、製造から納入に至る供給システム全体の見直しに取り組んでいきました。

具体的には、セブン-イレブンは、一日三便の配送体制を一九八七年から全面実施することにしました。朝、昼、夜という需要のピークに対応するために、朝は六時、昼は一二時、夜は六時まで、といった形で納品を済ませる定時配送のしくみです。この分野では、卸売業者は介在せず、メーカーとの直接取引によって対応しており、メーカーには、需要予測に基づく発注情報を睨みながら、柔軟な生産体制が求められます。

具体的なイメージを膨らませるために、「わらべや日洋」（本社東京・小平市）という米飯商品・調理パンの主力供給業者を取り上げてみましょう（矢作敏行『コンビニエンス・ストア・システムの革新性』）。

同社は、首都圏で米飯・調理パン六〇品と若干の惣菜を供給する会社で、売り上げのほとんどがセブン‐イレブン向けです。配送に先だって、発注情報をもとに生産量が確定するわけですが、完全な受注生産、つまり確定した発注情報を受けてから作ったのでは納期に間に合わないため、製造工程を分割するとともに、予測に基づく生産を組み合わせながら、最終的な生産量を調整していきます。

たとえば、一日三便のうち、「当日午後便」は、発注を受けた当日の一八時三〇分までに店舗へ納品しなければならず、それに間に合わせるには、一二時までに製造を終えなければなりません。ところが、発注情報は一一時にならないと確定せず、そこから作り始めたのではとても間に合いません。そこで、一〇時までに予測発注量の八割を作り終えておき、一一時に発注情報が確定した後の一時間で調整して間に合わせる形をとります。

メーカーとの商品開発

こうした供給システムの構築と並行して、メーカーと協力しながら、積極的に商品開発を行っていったことも、日本型コンビニの重要な特徴です。

セブン‐イレブンでは、一九八五年に、日配食品分野の供給業者約一〇〇社を商品別に組織化し、「分科会」という商品開発の場を作りました。具体的には、調理麵、漬け物、肉、魚、豆腐・納豆、惣菜などが対象となりました。これらの分野は、中小零細なメーカーが多くを占めており、単独では商品開発力を十分にもっていなかったため、セブン－イレブンが組織を作ることで、共同して魅力的な商品を生み出そうとしたのです。

なかでも、調理麺分科会は成功を収め、「小割けそば」「冷やし中華」「天ぷら鍋うどん」などのヒット商品を生み出しました。以後、これをモデルとして活動が広がり、POSデータや消費者アンケート調査も活用しながら、次々と新商品が生み出されていきました。まもなく大手食品メーカーも参入することとなり、現在の「セブン・プレミアム」シリーズをはじめとした、PB（プライベート・ブランド）商品の展開にもつながっていきます。

このような取り組みの結果、日配食品分野は、おにぎりやお弁当、肉まん・あんまんといった「ファーストフード」とともに、コンビニの主力商品となっていきました。一九九〇年代後半には、日配食品とファーストフードを合わせると、売り上げの四割以上を占めるに至っています。これらの分野が粗利益の高い重要なものであることは、先に述べた通りです。

日本型コンビニは、必要なときに必要な分だけ作って納品する、という小売起点の高度な生産─流通システムを完成させ、「作ったモノを売る」「仕入れたモノを売る」というそれまでの小売業のあり方を大きく変えていきました。

そして、そこには、問屋やメーカーとの深いレベルでの「協働」が見られ、そうした関係は、POSシステムを中心とした情報技術の革新によって支えられていました。日本のコンビニが、小売業の「情報産業」化を促したと言われるゆえんであり、実際に、早い時期から多額の費用を投じて、情報システムの開発・発展に大きな力を注いでいきました(『新版 セブン-イレブンの経営史』)。

特定地域に集中出店する理由

次に、フランチャイズ・システムには、どんなメリットがあったのかという問題を考えてみましょう(高岡美佳「日本のコンビニエンス・ストアの成長過程における資源補完メカニズム」)。

先に見た通り、大手コンビニ各社は、一九七〇年代半ばから、店舗数を急速に拡大させていきました。なかでもセブン-イレブンの出店ペースは目覚ましく、一九七七年からの二〇年間で店舗数が一九・五倍となっています。これは、第4章で取り上げたスーパーを大幅に上回る出店ペースで、たとえば、ダイエーにおいては、一九七三年からの二〇年間で店舗数が二・一倍というレベルにありました。

このようなコンビニの急速な多店舗展開は、チェーンストア方式によるスケール・メリットを発揮するうえで重要なものでした。その点はスーパーと同じです。そのうえで、コンビニの出店には、「ドミナント戦略」に基づく地域集中性が目立つ点に特徴があります。ドミナント戦略には、どのような利点があるのかと言えば、特定地域に集中的に出店することで、①同地域における他社のコンビニの出店余地をなくす、②顧客による認知度を効率的に高める、③納入業者の配送時間を短縮する、④本部から派遣されるアドバイザー・スタッフの巡回効率を上げる、といった点を挙げることができます。

そして、ドミナント戦略に基づく急速な多店舗展開を行ってきた日本のコンビニは、チェーンストア方式のなかでも、フランチャイズ・システムを採ってきました。フランチャイズ・チェーン（FC）自体は、本家であるアメリカのコンビニでも採用されていましたが、FCへの依存度が特に高いという点に、日本型コンビニの特徴を見てとることができます。

たとえば、アメリカのサウスランド社では、一九九二年の時点で合計六四九一店のうち、直営店が三四四六店（五三・一％）、FC店が三〇四五店（四六・九％）と、直営店の方が多いのに対して、日本のセブン-イレブンにおいては、二〇〇八年の時点で合計およそ一万二〇〇〇店のうち、直営店はわずかに約八〇〇店（六・七％）にとどまっています。

加えて、同じFCで比べても、アメリカでは、本部企業が土地を手当てし、店舗を作って経営者を募集するパターンが主流であったのに対して、日本では、一九八〇年代までは、既存の中小小売商から転業するパターンが多くを占めていました。なかでも、酒販店や食料品店を中心に、まちの小さな小売商店を出自に持つものが多くみられました。

そもそも日本では、中小小売店の近代化という文脈でコンビニが捉えられていました。たとえば、セブン-イレブン・ジャパンの創業にあたっては、スーパーの進出に反発を強める中小小売店との関係が念頭に置かれており、商店街の小売店を近代化・活性化し、大型店と共存共栄できる道はないのか、という課題に応えるべく、既存店を仲間にしていくフランチャイズ・システムが採用されたと言われています。

そして、この選択は、本部企業にさまざまな利益をもたらしました。もともと、最寄りの便利な立地にたくさんの小さな商店が展開しているというのが、日本型流通の大きな特徴でした。逆に言えば、コンビニ各社が新たに出店しようとしても、良い立地の多くは、すでに既存の中小小売店で埋まっている状況にありました。

本部企業としては、自身が新たに立地を開拓して直営店を展開するよりも、すでにあるお店をFC店として取り込む方が、効率的かつスピーディーに良い立地を確保できることになります。スーパーの発展を受けて、自分の店の将来を悲観する小売商も少なくなかったため、実際にFC契約を結ぶ店が急増していきました。

ただし、単に立地だけが目的であれば、土地と建物を買い取り、本部企業が直営店を展開する形をとってもよいはずです。しかし、当時のコンビニ各社にとって、それは資金面でのハードルが高い選択肢でした。スピードの速い多店舗展開には、設備投資に関わる多額のお金が必要になりますし、特に創業当初は、本部企業に十分な資金の蓄積がなく、また、未知の新業態に対して良い条件で資金を調達できる機会も限られていました。

そこで、FC加盟店の側に土地や建物を用意してもらえれば、本部企業の側の資金負担は大きく軽減できます。実際に、セブン-イレブン・ジャパンについて、そのような形で節約できた資金の推計額は、七五九億円（一九八一年）、一四九〇億円（一九八五年）、二五二〇億円（一九九〇年）と推移しています（「日本のコンビニエンス・ストアの成長過程における資源補完メカニズム」）。本部企業にとって、節約できた金額が大きく、かつ、出店ペースの増大に伴って、その金額も伸びていったことがうかがえるでしょう。

こうして、日本のコンビニは、本部企業の側からみると、立地だけでなく、資金の面でも、中小小売商の蓄積をうまく活用していったとみることができます。

脱サラ組の増加とフランチャイズ店

もっとも、コンビニが急速に発展し、本部企業も成長を遂げていくなかで、資金面での

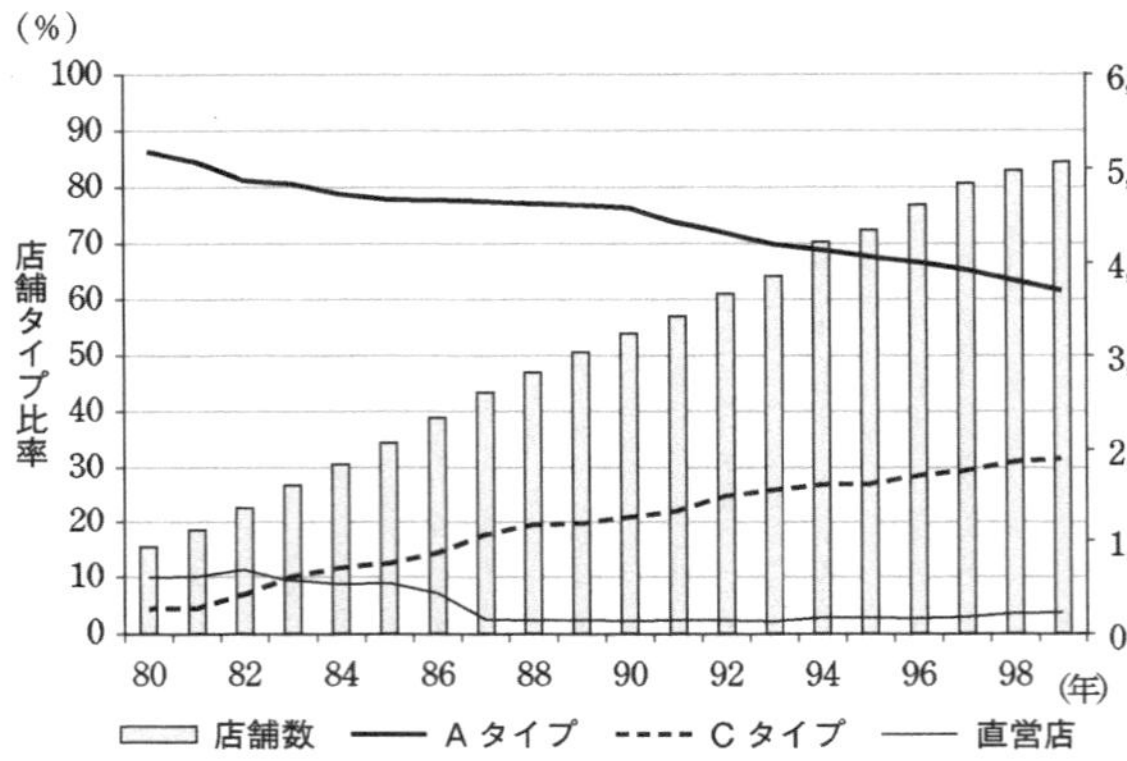

（出所）田村正紀『セブン‐イレブンの足跡』千倉書房、2014年、233頁。

図5－3　セブン‐イレブンの店舗タイプ構成比

制約は緩和されていきます。本部企業は大きな利益をあげて資金を蓄積していきましたし、コンビニの成長性が明らかになって、好条件で資金を調達することも難しくない状況となっていきました。こうした変化を受けて、一九九〇年代からは、FC店の状況も変わっていきます。

図5－3を見て下さい。この図は、棒グラフがセブン‐イレブンの店舗数（右軸）、折れ線グラフが店舗タイプ別の構成比（左軸）を示しています。「Aタイプ」「Cタイプ」はともにFC店のことで、土地・建物を加盟店主が自前で用意するのが「Aタイプ」、本部側が手当てした土地・建物を加盟者が委託を受けて経営するのが「Cタイプ」です。

図によれば、一九八〇年代初頭はAタイプ

のＦＣ店が、全店舗数の八割以上を占めていたことがわかります。これは、既存の小売店からの転業組が多かったことを示しており、中小小売商の立地や資金をうまく活用したという先の議論を裏付けるものです。しかし、そのＡタイプの比率は少しずつ低下しており、特に一九九〇年代に入ってからは、低下傾向が目立つようになり、一九九九年には六割強という水準にまで落ち込んでいます。

代わって増えていったのが、ＣタイプのＦＣ店です。一九八〇年代初頭には五％程度だったのが、一九八〇年代後半には二〇％を超え、一九九〇年代末には三〇％強に達しています。その背景には、中小小売商からの転業組に代わって、いわゆる脱サラ組、つまり、企業の正社員を前職にもつオーナーの増加がありました。バブル崩壊のあおりを受けた脱サラも多かったことと思われます。脱サラ組には、資金が少なくても開業できる、商売経験や自前の土地・建物がなくても可能、といった開業動機をもつ者が多く、Ｃタイプ店は、そうした脱サラ組の大きな受け皿となっていたのです（田村正紀『セブン-イレブンの足跡』）。

このように、コンビニの本部企業は、一九九〇年代以降、資金面での制約から解放されていくなかで、中小小売商が蓄積した資産を活用する必要性が低下し、本部が店舗開発費用を負担するタイプの店を増やしていくことができました。ここに脱サラ組という新たなタイプのオーナーが、続々とFC店の経営に乗り出していくことになります。

ただし、そこには一つの疑問が残ります。単に資金制約という問題だけだったら、FC店という形をとらずに、本部企業が直営店を展開していってもよさそうなものです。ところが、図5－3からわかるように、直営店はむしろ一九八〇年代後半に減り、Aタイプ・Cタイプを合わせたFC店の比重はさらに高まっていました。なぜでしょうか？

その疑問を解く手がかりは、売上高にあります。セブン－イレブン一店舗当たりの年間売上高の推移について、直営店とFC店を比較してみましょう。一九七七年の直営店における売上高を一〇〇とすると、直営店では一九八三年に一一二、一九九二年には一五九という伸びであるのに対して、FC店では、一九七七年に九五と直営店を下回るところから、一九八三年に一四六、一九九二年には二一四という形で、直営店を大きく上回る伸びを示しています（高岡美佳「戦後の日本における小売業発展のダイナミズム」）。

FC加盟店というのは、資本の面で独立した店舗であることは、先に図5－1を使って説明した通りです。加盟店オーナーは、独立自営業者としての顔をもっており、いわば「一国一城の主」として、自分の店に大きな責任を負っているわけです。一方、直営店の場合には、本部企業と店舗が同一資本・同一会社ですから、直営店の店長は、いわば大企業のサラリーマンという身分で、最終的には企業が店の経営に責任を負うことになります。当然、報酬という点からみても、オーナーの方が、自店の経営成果とダイレクトにつながっています。

この差が、店主による経営改善への意欲の差につながり、売上高という成果の違いを生んでいったわけです。本部企業が直営店ではなく、FC店を増やしていった背景には、このような違いがあったのです。そして、粗利益分配方式をとる独特の会計システムは、こうしたオーナーによる経営改善への意欲を刺激し、日本型コンビニの発展を支え続けてきました。項を改めて、その会計のしくみを詳しく見ていきましょう。

なぜ近所に同じチェーンの店ができるのか？

コンビニにおけるフランチャイズ会計システムが、アメリカのセブン-イレブンから日本へそのまま持ち込まれたことについては、すでに触れました。ここで言う「会計」というのは、フランチャイズ契約に基づいて、本部企業が商号やノウハウを提供する対価として、加盟店からロイヤルティを徴収する際、どのような基準で、どのくらいの取り分とするのか、という問題に関わるものです。

もともと、コンビニに先立って、他の業界においても、フランチャイズ・チェーンというしくみは広く採用されていたのですが、アメリカでも日本でも、売上高を基準とするやり方が一般的なものでした。加盟店の売上高の何％を、本部企業はロイヤルティとして徴収する、というやり方です。

ところが、このような売上分配方式をとると、本部企業にとっては、多少店の経費が嵩《かさ》んでも、売上高さえ多ければ、自らの取り分が増えていきますから、とにかく加盟店の売り上げを伸ばすことに関心が向きがちになります。極端な言い方をすると、最終的な加盟店の利益が赤字であっても、本部企業にとっては、売上高さえ増えるのであれば、その方がよいということになります。一方、加盟店のオーナーは、どんなに売り上げが多くても、最終的に店の利益が出なければ、当然自分の報酬を得ることはできません。ここに目標のズレが生じます。

それに対して、コンビニにおいては、粗利益を基準とした粗利益分配方式をとることで、こうした問題を克服することに成功しました。粗利益というのは、売上高から仕入れ原価を差し引いた利益のことです。粗利益分配方式であれば、本部企業も加盟店も粗利益の最大化という目標を共有できるので、加盟店の利害が無視されるようなことは起こりにくくなります。

さらに、粗利益分配方式のもとでは、本部企業の側は、粗利益の大きな商品を積極的に開発するようになりますし、加盟店の側も、それを積極的に販売しようとするでしょう。

実際、おにぎり、お弁当、調理パン、サラダ、調理麺、その他各種の惣菜やチルド商品などに日本型コンビニが力を入れ、高い収益を支える戦略的な商品分野に育て上げていったことは、先に述べた通りです。

ただし、粗利益分配方式をとっていても、本部企業と加盟店との間で、目標のズレが生じる場面は出てきます。

たとえば、「なんでこんなに近くに、同じコンビニチェーンの店が二軒も三軒もできるのだろう？」と疑問に思われたことはないでしょうか。それぞれの店の売り上げは下がってしまうだろう、と心配になったりしますね。

個々の店のオーナーにとっては、まさしくその通りで、売り上げが下がって利益も減ってしまうことは少なくないはずです。では、本部企業にとってはどうでしょうか。本部企業から見ると、個々のお店の売り上げが下がって、多少は粗利益が減ったとしても、新たに出店した店を加えて、トータルで見た粗利益の総額が増えるのであれば、そちらの方が、自らの収入を増加させることになります。もちろん、あまり露骨なことをすれば、加盟店募集に困難をきたしますから程度問題ですが、少なくとも、本部企業と加盟店の利害が一致しない場面があることはたしかです。

「廃棄ロスを恐れるな」と言われても

また、最近話題となっている、「見切り販売」や廃棄ロスに関わる訴訟も、本部企業と加盟店との間で、利害を共有できない局面があることを物語っています。いずれも、「コンビニ会計」と呼ばれる、独特の会計システムに基づく問題です。少し専門的な用語も出てきますが、一般の会計原則との違いを確認するうえでも、実際の損益計算書を見ながら説明した方がわかりやすいので、表5－1をご覧になりながら読み進めて下さい。

この表は、神奈川県川崎市にあるセブン‐イレブン加盟店の損益計算書で、二〇〇一年一〇月における一ヵ月分の損益を算出した表です。

まず、売上高からみると、この店の売上高は、一ヵ月で約一七八〇万円となっており、一日当たりに直すと、およそ五七万四〇〇〇円となります。一日当たりの売上高は「日販」と呼ばれ、コンビニ業界の平均日販は四〇万～六〇万円、セブン‐イレブンはそこから一〇万円強の上乗せがあると言われますから、この店の売り上げは、セブン‐イレブンの平均からみるとやや下の方、他のコンビニチェーンからみると標準的な水準にあると言えます。

次に売上原価の項目を見て下さい。売上原価というのは、売上高にかかった分の仕入れ原価のことで、売上高から売上原価を差し引いたものが、粗利益です。粗利益は、正式に

	項目	金額（円）	対売上高（%）
1	売上高	17,808,551	100.00
2	売上原価		
	総売上原価	13,887,679	77.98
(1)	仕入値引等	370,706	2.08
(2)	商品廃棄等	725,361	4.07
(3)	棚卸増減	182,317	1.02
	純売上原価	12,609,295	70.80
3	売上総利益	5,199,256	29.20
4	セブン-イレブン・チャージ	2,876,501	16.15
5	総収入	2,325,755	13.06
6	営業費		
(1)	給料	1,353,449	7.60
(2)	法定福利費		
(3)	棚卸増減	182,317	1.02
(4)	消耗品費	53,357	0.30
(5)	電話料	10,332	0.06
(6)	水道光熱費	62,648	0.35
(7)	保守修繕費	35,635	0.20
(8)	清掃費	23,500	0.13
(9)	現金過不足	10,036	0.06
(10)	事務手数料		
(11)	不良品	725,361	4.07
(12)	支払利息	4,112	0.02
(13)	印紙税		
(14)	雑費	64,999	0.36
(15)	その他の非課税雑費	35,160	0.20
	合計	2,597,906	14.59
7	利益	−272,151	−1.53

（出所）月刊「ベルダ」編集部『コンビニ 不都合な真実』（ベストブック、2007年）24頁。

表5-1　セブン-イレブン加盟店の損益計算書の実例
（2001年10月の1ヵ月、神奈川県川崎市）

は「売上総利益」と呼ばれ、表のなかでも「3」の項目に算出されています。注目してもらいたいのは、売上原価のなかに、「総売上原価」と「純売上原価」という二つの項目が立てられていることです。いずれも一般の会計原則にはない独特の用語です。

通常の会計で言えば、「総売上原価」が売上原価にあたるもので、粗利益（売上総利益）はこれに基づいて算出されます。ところが、表を見てわかるように、コンビニ会計においては、「純売上原価」というものを基準として、売上高からこれを差し引く形で、粗利益が計算されています。

では、「純売上原価」とはどのようなものかというと、表5－1で言えば、「総売上原価」から(1)～(3)の合計、つまり「仕入値引等」「商品廃棄等」「棚卸増減」の三つを差し引いて算出されるものです。このうち、「商品廃棄」というのは、文字通り、弁当など売れ残ったものを廃棄処分した分のことで、「棚卸増減」というのは、万引きや「内引き」（＝従業員による万引き）、計算ミスなどで、本来あったはずの商品がなくなって計算が合わなくなった分のことを指します。

これらが売上原価から差し引かれるということは、同じ分だけ粗利益（売上総利益）が増えることになります。通常の会計原則では、このような計算は行われません。では、なぜわざわざこのような計算をするのでしょうか。それは、コンビニのフランチャイズ・システムが、粗利益分配方式をとっていることと関係しています。

表5－1の事例は、フランチャイズ契約のなかでは「Cタイプ店」です。当時のセブン－イレブンでは、オーナーが土地・建物を自前で用意するAタイプの場合には、本部の取り分が粗利益の四五％、本部側が開発した店舗を受託するCタイプの場合には、本部の取り分が五五％という契約になっていました。表のなかで「4」の「セブン－イレブン・チャージ」とあるのが、そうした本部の取り分にあたります。この例はCタイプなので、本部が粗利益の五五％を取り、残った四五％がこのオーナー側の取り分で、表では「5」の「総収入」となっている部分にあたります。

仮に、通常の会計原則に従って、「総売上原価」を基準とすれば、粗利益（売上総利益）は三九二万八七二円、セブン－イレブン・チャージは二一五万六四八〇円となります。表5－1と大きな差が生じることがわかるでしょう。この差がいわゆる「ロス・チャージ」と呼ばれる部分です。「コンビニ会計」は、ロスになった分を売上原価から控除し、粗利益を高く算出するという独特な操作を行うことで、本部企業のロイヤルティが高く計算されるしくみになっているのです。

営業費に目を向けると、(3)に「棚卸増減」という項目があって、売上原価の(3)と金額も対応していることがわかります。また、売上原価の「商品廃棄等」という項目については、営業費の「不良品」という項目と金額が一致し、廃棄ロスが営業費として処理されていることも読み取れます。要するに、廃棄や万引きなどによるロスは、もっぱら加盟店だけが負担するものとなっており、本部企業は全く負担しないということです。

通常の小売店でも、廃棄ロスはもちろん負担になります。自分の責任で仕入れた商品が売れ残れば、自分で責任を負うのは当然です。しかし、コンビニの場合には、廃棄が出ても本部はまったく負担しないのに、本部企業の側から、「廃棄ロスを恐れるな」という指示が出ると言います。少なく発注してしまうと、売り切れてしまって、「買いたいときに買いたいモノがない」というコンビニらしからぬ店になってしまいかねないからです。

その意味で、「廃棄ロスを恐れるな」という本部の指示は、コンビニというコンセプトの根幹に関わるものなので、それ自体としては理にかなっています。ただ、それでも加盟店の側にしてみると、本部は指示を出すばかりで、いざ実際に売れ残ってしまった際に、その分の廃棄ロスを本部が全く負担してくれないしくみになっていれば、本部に不満を持つようになっても不思議ではありません。

「見切り販売」

加えて、セブン-イレブンをめぐる裁判で問題になったのは、本部側が加盟店に「見切り販売」、つまり廃棄間際の商品の値引きを制限していたことでした。コンビニという小売業態の基本コンセプトは、安さではなく、定価でも便利だから買うという客をつかむことにあります。そうした観点からすると、見切り販売の可否は、業態のコンセプトに関わる問題で、本部としては、簡単にそれを認めることはできません。

事実、アメリカの本家セブン-イレブンを展開していたサウスランド社が、一九九一年に倒産に至った理由の一つは、小売競争が激化するなかで、安売りを始めたことにありました。「定価でも便利だから」という独自のポジションを自ら手放した結果、スーパーマーケットやディスカウント・ストアとの激しい価格競争に巻き込まれ、業績が悪化していったのです。

このように、本部には大局的な判断があるわけですが、しかし、加盟店の側からすると、廃棄ロスは全面的に自分で負担しなければならないのですから、定価のまま販売して、売れ残った分をすべて廃棄してしまうよりも、売れ残りそうになったら、値下げをして少しでも多く売ってしまったほうが負担になりません。この点は、コンビニ会計においては、特に加盟店の経営を大きく左右する重みをもっています。

図5-4は、販売価格一〇〇円、仕入価格七〇円のおにぎりを、一〇個売ろうとしたときに、本部と加盟店の取り分がどうなるかを示したものです。本部のロイヤルティ(=チ

ャージ）は、粗利益の六〇％と仮定しています。

これによると、二個が売れ残った場合、一般会計の計算では、粗利益は一〇〇円となり、本部の取り分は六〇円、残り四〇円は加盟店の取り分となります。それが、コンビニ会計の場合には、売れ残った二個分の仕入原価一四〇円がそのまま粗利益に上乗せされるので、粗利益は二四〇円となり、本部の取り分が一四四円、加盟店の取り分が九六円となりますが、売れ残った二個分の仕入原価は、そのまま営業費に回るので、そこで一四〇円

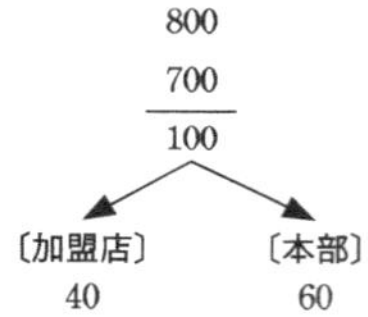

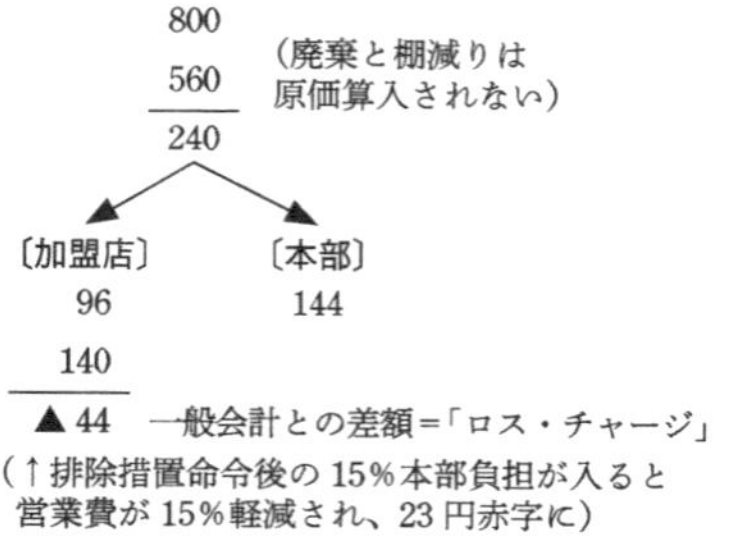

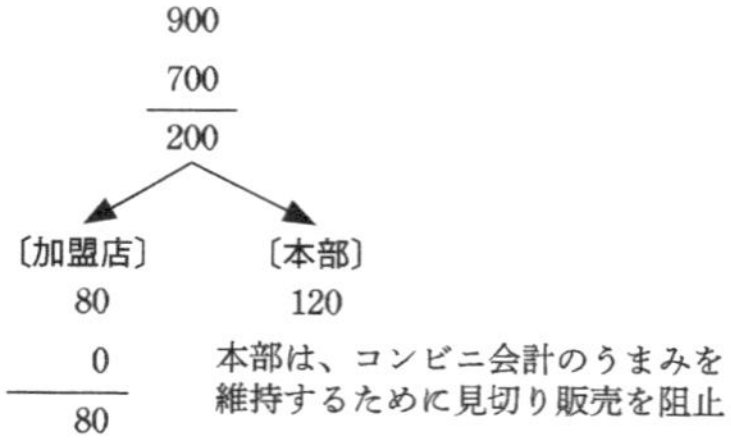

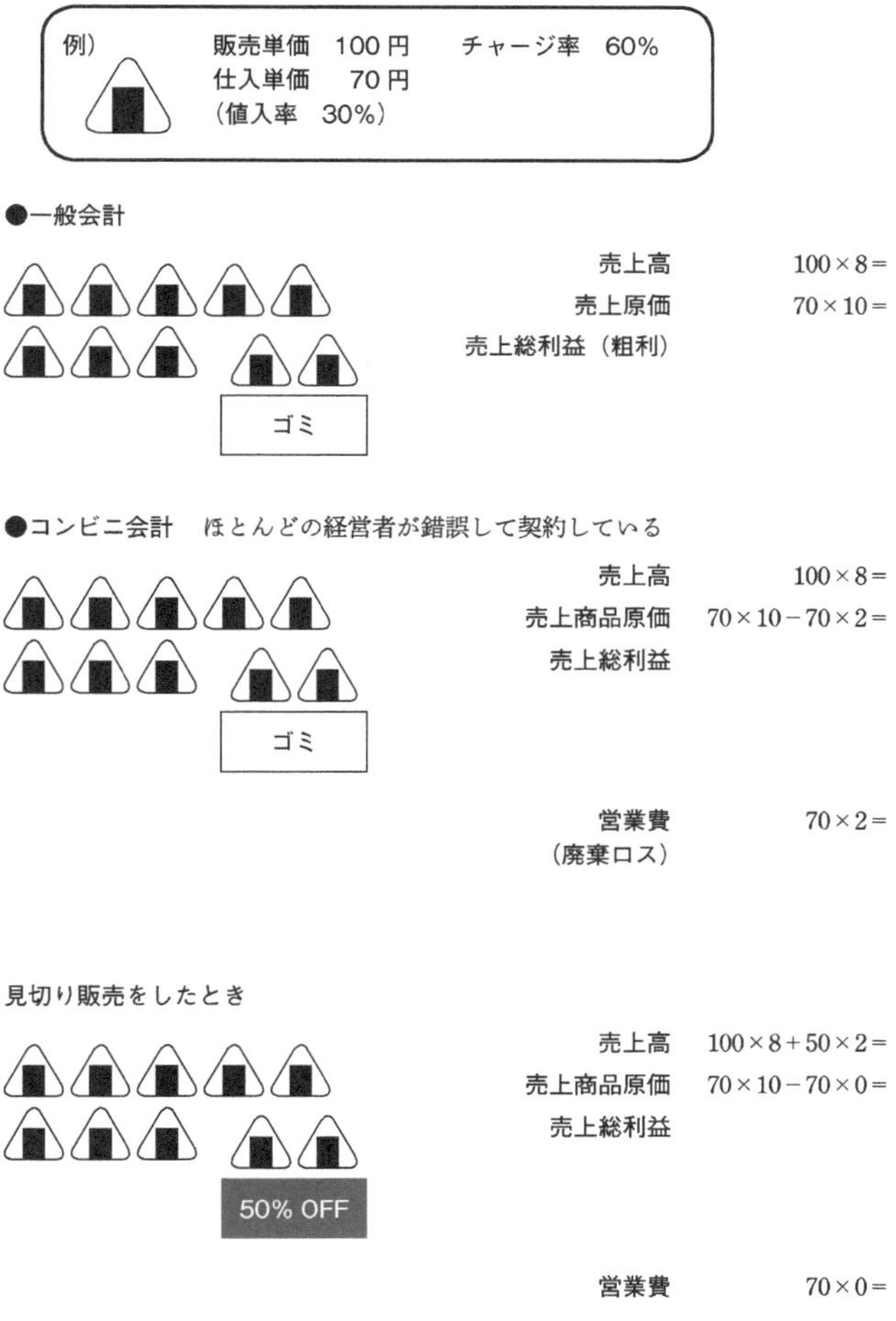

（出所）須田耕一「『ひと』を疲弊させるコンビニの構造」『POSSE』25号、2014年、119頁。

図５－４　「コンビニ会計」による特殊な利益配分のしくみ

が差し引かれて、実質的に四四円のマイナスが生じています。いかに加盟店が一方的な負担をしているかがわかるでしょう。

それに対して、もしもコンビニ会計のもとで、売れ残りそうな二個を五〇％オフで見切り販売して、実際に二個とも売り切った場合には、粗利益は二〇〇円となり、本部は一二〇円、加盟店は八〇円を手にすることになります。その場合には、営業費の「不良品」勘定もゼロになりますから、実質的にも、そのまま八〇円が加盟店の取り分となります。見切り販売をするかどうかで、加盟店の実質的な取り分は大きく変わってきますし、見切り販売が本部の取り分を相対的に少なくするものでもあることが、この図からよく見えてくると思います。

今の時点では、こうした状況に不満の声をあげたオーナーの活動が、少しずつ実を結びつつあります。二〇〇九年には、公正取引委員会がセブン-イレブンによる値引き制限を「不当」であると認め、これを受けて、セブン-イレブン・ジャパンは、廃棄コストの一五％を本部が負担することにしました。また、セブン-イレブン・ジャパンのフランチャイズ加盟店主が、販売期限が近い弁当などの見切り販売を不当に制限されたとして訴えた裁判についても、二〇一四年一〇月に、最高裁の判決によってセブン-イレブン側の敗訴が確定しました。

人件費をめぐる問題

さて、せっかく損益計算書を出したので、会計システムの問題とは別に、もう一つ、大きな問題をここから考えてもらいましょう。

再び二六九頁の表5-1をよく見て下さい。一番下「7」の「利益」というところです。これは、「5」の「総収入」から、「6」の「営業費」合計を差し引いて得られる営業利益を指します。この店は、セブン-イレブンとしてはやや売り上げの低い方に位置し、コンビニ業界全体としては、平均的な水準にありますが、二七万円あまりの赤字となっています。実際には、毎月赤字ということではなかったようですが、いずれにしても、これだけの赤字がたしかに出ているわけです。

さあ、あなたがもしこの店のオーナーだったらどうでしょうか? もちろん、この赤字をなんとかしたいと思うでしょう。では、この損益計算書を前にして、どこをどう改めれば黒字にできると考えるでしょうか? 売上高を上げるか、営業費を下げるか、どうにかしなくてはなりませんが、売上高は外部のいろいろな条件に左右されますから、とりあえず営業費を睨んで考え込むことになります。

営業費の項目のうち、「不良品」については、ここまで述べてきた廃棄ロスの分で、最高裁の判決を受けた今後の本部の方針によっては、大きく減らせる見込みがあるでしょう。ここが減らせれば、赤字を解消できるかもしれません。ほかにはどうでしょうか？

営業費のなかで、最も大きな額を占めているのが、(1)の「給料」、つまり人件費ですから、ここを減らせれば黒字化できる、と真っ先に考えるのが自然ではないかと思います。この「給料」は、加盟店オーナーがアルバイトに支払う人件費で、オーナーが働いた分は含まれていません。つまり、なるべくバイトを使わずに、オーナー自らが店に出て働けば働くほど、その分、人件費を低く抑えることができるのです。

年中無休・二四時間営業であれば、人件費の負担が重くなるのは当然でしょう。それだけに、人件費をどうにかして抑制できれば、それだけ黒字化への道が拓けてくるという見方もできます。損益計算書から明らかな通り、本部は人件費を負担してくれません。人件費を抑制するには、オーナー自らが長時間店頭に立つほかないのです。

コンビニの労働問題

コンビニオーナーの過重労働という問題については、関根十九光『セブンイレブン残酷物語』(エール出版社、一九八三年)が早くからまとまった形で取り上げていました。近年に至っても、月刊「ベルダ」編集部『コンビニ 不都合な真実』(ベストブック、二〇〇七年)、渡辺仁『セブン‐イレブンの罠』（金曜日、二〇〇九年）、本間重紀編『コンビニの光と影』（花伝社、新装版二〇〇九年、初版一九九九年）、新藤正夫『廃業して分かったFC契約の怖さ――ファミマ元店主の体験記』（本の泉社、二〇一〇年）など、類書の刊行が相次いでおり、状況は深刻化するばかりであると言えます。

このなかで、たとえば、あるコンビニオーナーによる「コンビニシステムは現代の奴隷契約」と題した次の文章は、オーナーの悲痛な叫びとして胸に迫るものがあります（本間重紀編『コンビニの光と影』）。

普通、商売は必死に営業努力や改善をしなければ儲からない。しかし、コンビニだけは契約さえすれば、本部は自動的に儲かるようになっているのだ。契約したら、高い違約金で縛り、二四時間年中無休の奴隷的契約で強制的に営業を行なわせる。二四時間年中無休営業は大変なものがある。店主はカゼなどひいても休めない。もちろん、カレンダーの祝祭日など関係なく、毎日長時間労働をしているので、ましてや深夜勤務が圧倒的に多い加盟店主は、「とにかく、眠りたい、寝る時間が欲しい」と訴えている。しかし、人間の生体リズムと逆行する深夜勤務の連続で自律神経の乱れと疲労の蓄積で健康破壊が進行していくのが実体だ。加盟店主が定期的な休みをとれることは現実には不可能である。そのためには、店主代行を設けなければできないのだが、人件費が増えるようなことは、今のシステムでは無理だ。コンビニ本部に、「休みたいから」と要請しても、「冠婚葬祭のみ」本部の応援があるくらいで、それも高額な人件費を請求されるし、そのためのシステム体制は無いのが現状だ。

私が大学の流通史の講義でこの文章を紹介すると、授業後の学生からのコメントシートには、次のような声が多く寄せられます。

・以前バイトをしていたコンビニ店長も寝不足だと言っていた。
・私はコンビニでバイトをしていた頃、オーナー夫婦の辛い現状を実際にこの目でみた。奥さんが体調を崩し、長らく休んでいた間も、本社他店から応援もなく、オーナーがひとり事務所で仮眠をとりながら二四時間働いていた。
・自分もコンビニでバイトをしていて、夕方だけでなく深夜も(望んだわけでなく人手が足りなくて)入っている。たしかに深夜の勤務は生活リズムを狂わせ、本来の人間的な生活とは逆行している。しかしだからといって「やりたくない」とは言えない。オーナーはいつもがんばって疲れ切っている。そんな姿を見たら、自分の都合で断るのは大変心が痛い。

・コンビニで働いている友人から、店長がいつもくたくたになっているという話をよく聞いていたが、その理由がわかった。少しでも自分への収益を増やすために寝る間をおしんで働いているのだ。コンビニはいまではなくてはならないものだが、経営者のことを考えるとどうなのかと感じた。

コンビニでのアルバイト経験のない学生からも、「毎日行くコンビニの店長の顔がいつもやつれていて疲れている」「まさにブラックだ」といった声が相次ぎます。

実は、私の父は、某大手総合スーパーの社員から転職し、系列の某コンビニチェーンのフランチャイズ・オーナーを長く勤めて、母とともにコンビニを切り盛りしていました。バブル崩壊の余波を受けた脱サラ組の一人ということになります。

店舗は自宅と別の場所にあって、父は朝五時頃に家を出て、正午前後に帰宅し、仮眠をとって夕方五時頃にまた家を出て、深夜一時頃に帰宅して、仮眠をとってまた朝五時頃に家を出るという生活を二〇年弱にわたって続けていました。夜勤のアルバイトが確保できないこともたびたびあって、そのときは、そのまま朝まで店に出ていました。母は父と入れ替わる形で、午前一〇時頃に家を出て、夕方六時頃に帰宅するという生活でした。

コンビニを始めたのは、私が中学生の頃でしたが、以来、家族旅行はおろか、家族揃って食卓を囲むこともありませんでした。正月休みなどもなく、文字通り年中無休で、父は自らの実母が亡くなった通夜の日も、ふだんと変わらず店に立っていました。幸い、両親ともに大病することなく勤めを果たせましたが、子どもの目から見ても、明らかに無理のある生活を送っていたように感じました。

コンビニ店長への調査結果

表5－2を見て下さい。これは、一九九二年に行われたコンビニ店長への調査結果です。少し古いものですが、この調査は、当時の労働省の要望を受けて、コンビニにおける労働の実態について調べたもので、今現在に至るまで他に類例のない貴重なデータとなっています。調査対象は、全国の主要コンビニチェーン店五二八軒のコンビニ店長です。

表によれば、仕事全体の満足度としては、総合的にみると「満足」が「不満」を上回っています。項目別にみていくと、満足度が高いのは、「能力発揮」「判断の裁量度」の二つで、「一国一城の主」という自営業としてのやりがいが、仕事全体への満足度を押し上げていたことがわかります。反対に、不満の度合いが高いのは、「収入」「1日の勤務時間」「休日日数」となっていて、特に、休日日数への不満が際立っています。勤務時間への不満と合わせると、労働の問題が店長に大きな負担となっていたことがうかがえます。
実際に、この調査によれば、コンビニ店長の休日日数は、「週に1日」が二八・八%、「休日なし」が二七・五%、「月に1回」が一三・一%、「2週間に1回」が八・一%、「週に2日」が六・六%となっています。「休日なし」は最多ではありませんが、「週に1日」との差はわずか一%です。
また、週当たりの勤務時間については、「40時間未満」が九・八%、「40~50時間未満」が一四・〇%、「50~60時間未満」が一五・二%、「60~70時間未満」が一五・二%、「70~80時間未満」が一六・九%、「80~90時間未満」が一一・六%、「90~100時間未満」が七・〇%、「100時間以上」が八・三%となっています。

	かなり満足	やや満足	やや不満	大いに不満
仕事全体	9.1	45.1	34.1	8.1
収入	7.8	32.0	32.0	25.4
能力発揮	10.8	46.0	29.5	8.3
判断の裁量度	16.9	46.8	25.0	6.1
1日の勤務時間	9.3	27.3	34.3	26.1
休日日数	6.6	13.6	27.7	48.1

（%）

（出所）『コンビニエンス・ストアの経営と労働に関する調査研究』日本労働研究機構、1995年、129頁。

表5－2　コンビニ店長の仕事に対する満足度（1992年調査）

現在の労働基準法による法定労働時間は、週四〇時間、厚生労働省の基準に基づく「過労死ライン」は、週六〇時間以上が一つの目安となりますから、六〇時間以上が合わせて五九・〇%にも上るコンビニ店長の実態が、いかに厳しいものかがわかります。一〇〇時間以上という勤務時間も、決して例外とは言えない割合に上っており、これで休日を満足にとれないという状況は、ちょっと想像を絶するものがあります。今のところ、コンビニオーナーは、事業者であって「労働者」ではないという見方が支配的なので、その立場は労働法で守られるものでもありません。

この調査は一九九二年時点のものでした。おそらく現在では、ますます状況が深刻化していると思われます。一九九〇年代からコンビニオーナーに脱サラ組が増え、セブン－イレブンでいえば、Cタイプのフランチャイズ店の比率が増加していったことはすでに確認しました。その後、その比率はさらに上昇し、二〇〇三年には四一％、二〇一四年には六九％とすっかり多数派になっています（田村正紀『セブン－イレブンの足跡』）。このタイプは本部の取り分が多い契約ですから、当然、その分、人件費の抑制に向かう圧力は高まっているに違いありません。現状に関する詳細な実態調査が待たれるところです。

ブラックバイトとコンビニ

あるいは、最近では「ブラック企業のバイト版」として、「ブラックバイト」という言葉が使われ、その実態がクローズアップされています。

二〇一四年八月には、学生を主体として「ブラックバイトユニオン」が結成され、状況の改善に向けたさまざまな取り組みが始まりました。そのホームページによれば、「ブラックバイト」とは、「学生が学生らしい生活を送れなくしてしまうアルバイトのこと」で、「正社員並みに働かせられることによって学業に支障をきたしてしまったり、シフトを一方的に決められることによって授業や課外活動に参加できなくなってしまったりするケースが増えてきてい」るといいます（http://blackarbeit-union.com/　二〇一五年二月二四日閲覧）。

具体的には、「サービス残業をさせられる、休憩時間が与えられない、ノルマの未達成を理由に商品を買い取らされる、上司によるパワハラ・セクハラがある」など、その内容は多岐にわたります。そうしたなかで、コンビニも「ブラックバイト」を生む舞台の一つとなっていて、「ブラックバイトユニオン」のホームページには、「ブラックバイト事例集」の①として「コンビニ店員」が挙げられ、「コンビニ店員に特有のトラブル」がいくつか例示されるなかに、次のような例があります。

・ウチのバイト先、いつも店長が「人手が足りないから」とか「今は繁忙期だから」とか言って、勝手にシフトを入れられるんだよね。大変なのはわかるんだけど、こっちもいろいろ予定とかあるからすごく困る。どうすればいいの？

・発注業務や在庫管理など、大事な業務を任されるポジションに就いています。昨日、店長に「就活が忙しくなってきたんで、そろそろ辞めたいです」って言ったら、「バイトで発注をできるのは君だけなんだから、急にそんなわがまま言われても困る」って言われました。確かに、自分だけの都合で辞めようとしたのはわがままだったのかなぁ〜。

一つめの例については、先に挙げた学生からのコメントから、この問題の根深さをうかがうことができます。「オーナーはいつもがんばって疲れ切っている。そんな姿を見たら、自分の都合で断るのは大変心が痛い」というコメントです。二つめの例についても、オーナーの立場に立てば、この学生に辞められてしまうと、自分が休めなくなってしまうという事情が見えてきます。いずれも、オーナーの過重労働という問題が、「ブラックバイト」を生み出す構造的な背景の一つになっていると言えるでしょう。

コンビニは日本型流通の究極の形か？

この章では、日本型コンビニが、さまざまな革新的要素に満ちあふれた画期的な小売業態であることを説明してきました。ＰＯＳシステムによる単品管理の導入、多頻度小口配送の実現、フランチャイズ・システムの「効率性」などを基盤として、安売りはしないが、売れ筋商品を揃えて年中無休・長時間営業・最寄り立地という利便性によって、「厚利多売」とも言える画期的なビジネスモデルを生み出したという内容です。

コンビニという新業態の登場は、既存の中小小売店の近代化・活性化にもつながるものでした。すでに確認した通り、実際に、コンビニのフランチャイズ店には、地元で近所の酒店、食料品店として続いてきた小売店から転換したものが多かったからです。本部企業の側も、そうした中小小売商がもつ便利な立地や資産の蓄積を活かすことで、速やかに店舗を広げることができました。そのようなタイプのフランチャイズ店が、直営店を上回る売り上げをあげていたことも、本論のなかでみた通りです。

言い換えれば、日本型コンビニの発展を支えてきたのは、フランチャイズ店の経営に手を挙げた、まちの酒店、食料品店などの中小小売商だったのです。そのなかには、商店街に立地する小売店も少なくなかったことでしょう。日本の中小小売店が、全体として一九八〇年代半ばから減少へ転じ、商店街がさびれていく状況があらわれてからも、コンビニという業態のなかで、多くの中小小売商が発展のチャンスをつかんできました。

一方で、コンビニ店の経営をめぐっては、「コンビニ会計」におけるロス・チャージや、オーナー夫婦による過重労働、そして、それに基因する「ブラックバイト」など、さまざまな問題も生じています。これらは、それ自体として、間違いなく大きな問題と言えます。

しかし、本部企業は、そこから得た利益も含めて、商品開発や情報基盤整備に投資することで、消費者にとってますます魅力的な店舗を運営できるよう努力を重ねています。その意味では、日本型コンビニの姿は、利便性やサービスに重きを置く、日本の消費者が育ててきたものであるという見方もできるでしょう。

このように整理してみると、フランチャイズ・システムにおける家族経営の担い手も、品質やサービスに対する高い要求水準をもつ消費者も、ともに日本型流通の歴史のなかで培われてきたものであり、日本のコンビニを、日本型流通の申し子として捉え直すことができると思います。

ここまで本書を通じてみてきたように、日本型流通の歴史には、商店街という場において、消費の論理が、地域の論理や労働の論理と、ときに緊張をはらみつつも、総じてバランスをとりながら、モノの売り買いが行われてきた時代がありました。商店街は、消費と労働と地域を結び合わせる商人家族に支えられ、そこでモノを買う人びとは、そうした商人家族に対して、ひとりの人間として、お互いの顔が見える形で向き合っていました。

それに対して、近年のさびれゆく商店街の状況と、「まちづくり」による活性化の難しさは、消費の論理と地域の論理が接点をもちにくい「いま」の流通を照らしています。商業機能と結びつかない形で、どんなにコミュニティ活動に力を入れても、それは真の意味で商店街を活性化させることにはならず、「まちづくり」が商業機能と結びつかないのであれば、商店街というコミュニティの形にこだわる理由も見いだせません。

逆に、日本型流通の申し子たるコンビニは、消費者のために、いわば消費の論理を突き詰めることで急速な成長を遂げてきました。しかし、結果として、そのことが労働へのしわ寄せとなって表れ、消費の論理と労働の論理が大きくバランスを崩しているように見受けられます。

消費者のために、安く、便利に……。しかし、そもそも人は消費者としてのみ生きているわけではなく、「消費者の利益」を追求することは、それ自体として、ただちに万人の幸福を約束するわけではない。本書から見えてきたのは、このような、考えてみればごく当たり前とも言えることです。それではいったい、「消費者」とは誰のことであり、「消費者の利益」とはどのような「利益」なのでしょうか?

こうした問題を念頭に置きつつ、小売革新の展開が私たちの暮らしを豊かなものにしてきた歴史もしっかりと見据えながら、改めて、地域社会のありようや人びとの働き方の視点を含む、トータルな人間としての「生活」をどのようなものと考えていくのか。「商店街はいま必要なのか」という問いに答えを出すのは、このような議論を積み重ねてからでも遅くはないと思います。消費と労働と地域を結び合わせる「生活」が、いま、問われています。

あとがき

「歴史を学ぶことにどんな意味があるのか？」「歴史学は何の役に立つのか？」といった類の問いは、多くの歴史家に突きつけられてきました。私も、そのような疑問をぶつけられることが少なくありません。そのたびに「お役に立てず申し訳ない」と思う反面、「『いま』の成り立ちを知ることに、なぜ意味を見いだせないのだろう？」「『役に立つ』という発想だけでは、見えてこない問題がたくさんあるのに……」などと逡巡しながら、きちんと弁明できずにここまできました。

本書もまた、商店街の具体的な振興策を提案しているわけでもなく、コンビニにおける労働問題の実践的な解決策を提示しているわけでもないという意味では、「役に立つ」ものにはなり得ていません。そもそも、現状のフィールドワークを行っておらず、不肖の息子として親の店を手伝ったことすらない私には、そのような本を書く資質も資格もありません。

にもかかわらず、というよりも、それゆえにこそ、私は歴史学がもつ可能性を信じながら原稿を書き進めました。小売業は、誰もが日々の買い物を通して接する身近な存在として、等身大の自分を見失わずに、「いま」を見通せる格好の対象だと思います。その意味では、小売業の歴史というのは、現在の価値観を相対化し、多角的なものの見方を可能にする歴史学の強みが、とりわけよく発揮できる分野であると考えています。

さて、もともとこの本は、現代新書の編集部にいらした堀沢加奈さんが、『ＵＰ』（東京大学出版会）に寄せた拙文「『消費者の利益』をめぐる光と影」を目に留めて下さったことから生まれました。そこには、本書で触れた商店街やコンビニの問題に言及した上で、次のように記しています。

私自身は文学部史学科に進学して以来、戦前期日本における小売業の実証研究を通じて、大衆消費社会とは何だろうか、という問題を歴史学の枠組みで考え続けてきた。今になって振り返ってみれば、自らが「消費者」として享受する物理的な豊かさと、毎日休みなく店に立ち続けて疲弊する父の姿と、この両方をどのように受けとめたらよいのか、あるいは、この両方を同時にもたらす社会とはいったい何なのだろうか、という問いに突き動かされてきたのだと思う。（『ＵＰ』五〇一号、二〇一四年七月、三三頁）

「商店街はいま必要なのか」という本書のタイトルも、同様の問題意識に貫かれています。この本を書き終えた今、少し言葉を足すならば、「生活」という領域が、「消費」と「労働」と「地域」のそれぞれに引き裂かれている「いま」の状況に、どこか引っかかりをおぼえているということです。

実は、タイトルについては、ギリギリまで「商店街はウォルマート化するのか」という案で進んでいました。

ウォルマートというのは、アメリカの大型ディスカウント・ストアのことで、圧倒的な低価格販売を実現することで急成長を遂げていきました。二〇〇一年には、世界小売業の売上高第一位を記録し、今も二位以下を大きく引き離す規模を誇っています。二〇〇二年には、西友と業務・資本提携を結んで日本にも進出し、二〇〇八年には、西友を完全子会社化して現在に至っていますので、西友を通じて名前を聞いたことがある方もいると思います。

ウォルマートは、商品調達や物流、IT技術の活用などに関わる、多くの注目すべき取り組みによって安売りを実現しました。一方、そのシステムは、ウォルマートで働く人びとに対する低賃金・低保障によっても支えられてきたことが知られています。また、ウォルマートの拡大が、結果として、地域社会や地域経済の姿を大きく変えていったことについても、さまざまな議論が積み重ねられています。

こうした実態に基づき、「ウォルマート化」という言葉は、安売りという「消費者の利益」を突き詰めることが、「労働」や「地域」に大きな影響を及ぼす、という構図を表現したものとして使われています。それがアメリカの一企業だけの話ということではなく、多かれ少なかれ「いま」の流通を貫く構図として一般化できるのではないか、という意味合いも、この言葉には込められています。商店街を主役とする日本型流通が変質していく先に、「ウォルマート化」の構図はどこまで見えてくるのか。そこに、「商店街はウォルマート化するのか」というタイトルの含意がありました。

最終的に、このタイトル案が没になった直接の理由は、「ウォルマート化」という言葉がわかりにくいということでした。ただ、後になって考えてみると、日本の状況は、「ウォルマート化」という言葉で表現しきれない部分が大きいようにも思えました。コンビニの労働問題は、安売りと低賃金という「ウォルマート化」の組み合わせとは、少し違った性格のものですし、商店街のコミュニティ機能に、これだけの注目が集まっている状況も、アメリカでは見いだしにくいように思います。

そのようなことを考えるうちに、「われわれは、日本の流通の『いま』を適切に表現できる言葉を持っていないのだろう」ということに思い至りました。言葉を持っていないということは、適切に認識できていないということでもあります。「商店街はいま必要なのか」というテーマに対しても、「YESか？　NOか？」という判断を下すために必要な知見が、まだ十分に出揃っていないということなのでしょう。商店街の歴史的研究は、その重要さに比べて蓄積が薄い分野なのですが、歴史学が果たし得る役割が大きいテーマだと思いますし、私個人としても、さらに研究を進めていきたいと思っています。

本書を通じて、同じような問題に関心を向けて下さり、ともに考えようとして下さる方が、ひとりでも増えることがあるならば、著者としてそれに勝る喜びはありません。

最後に、編集に多くの労をとって下さった堀沢さんと、その後を継いだ米沢勇基さん、ならびに、日本大学文理学部、高崎経済大学経済学部、神奈川大学経済学部、そして今の勤務先である北海道大学大学院経済学研究科にて、私の拙い流通史の授業を聴いて下さった学生のみなさまに、心から感謝申し上げたいと思います。

二〇一五年六月

満薗　勇

主な参考文献

全体にかかわるもの

石原武政・矢作敏行編『日本の流通100年』有斐閣、二〇〇四年

石井寛治編『近代日本流通史』東京堂出版、二〇〇五年

プロローグ

原田英生『アメリカの大型店問題』有斐閣、二〇〇八年

満薗勇『日本型大衆消費社会への胎動』東京大学出版会、二〇一四年

第1章　百貨店

藤岡里圭『百貨店の生成過程』有斐閣、二〇〇六年

神野由紀『趣味の誕生――百貨店がつくったテイスト』勁草書房、一九九四年

平野隆「百貨店の地方進出と中小商店」山本武利・西沢保編『百貨店の文化史』世界思想社、一九九九年

末田智樹『日本百貨店業成立史』ミネルヴァ書房、二〇一〇年

『株式会社三越100年の記録』三越、二〇〇五年

谷内正往『戦前大阪の鉄道とデパート』東方出版、二〇一四年

西坂靖『三井越後屋奉公人の研究』東京大学出版会、二〇〇六年

近藤智子「『デパートガール』の登場」『経営史学』四〇巻三号、二〇〇五年

江口潔「戦前期の百貨店における技能観の変容過程」『教育社会学研究』九二集、二〇一三年

堀新一『百貨店問題の研究』有斐閣、一九三七年

『日本小売業運動史　戦前編』公開経営指導協会、一九八三年

竹林庄太郎『日本中小商業の構造』有斐閣、一九四一年
江口圭一『都市小ブルジョア運動史の研究』未来社、一九七六年
山本景英「昭和初期における中小小売商の窮迫と反百貨店運動」『國學院経済学』二八巻一号・二号、一九八〇年

第2章　通信販売

流通産業研究所編『日本の通信・カタログ販売』一九七七年
斎藤駿『なぜ通販で買うのですか』集英社新書、二〇〇四年
満薗勇『日本型大衆消費社会への胎動』東京大学出版会、二〇一四年、第Ⅰ部
鳥羽欽一郎『シアーズ＝ローバック』東洋経済新報社、一九六九年
常松洋・松本悠子編『消費とアメリカ社会』山川出版社、二〇〇五年
黒住武市『日本通信販売発達史』同友館、一九九三年
国立歴史民俗博物館・岩淵令治編『「江戸」の発見と商品化』岩田書院、二〇一四年
主婦の友社編『主婦の友社の五十年』主婦の友社、一九六七年
木村涼子『〈主婦〉の誕生――婦人雑誌と女性たちの近代』吉川弘文館、二〇一〇年
木本喜美子『家族・ジェンダー・企業社会』ミネルヴァ書房、一九九五年
安丸良夫『日本の近代化と民衆思想』青木書店、一九七四年
安丸良夫『文明化の経験』岩波書店、二〇〇七年
内川芳美編『日本広告発達史　上』電通、一九七六年
加藤敬子「大正期における婦人雑誌広告」『慶應義塾大学新聞研究所年報』四〇号、一九九三年
佐藤裕紀子『大正期における新中間層主婦の時間意識の形成』風間書房、二〇一一年

第3章　商店街

辻井啓作『なぜ繁栄している商店街は1%しかないのか』阪急コミュニケーションズ、二〇一三年
石原武政「中小小売商の組織化」『中小企業季報』五六号、一九八六年

加藤司「『所縁型』商店街組織のマネジメント」加藤司編著『流通理論の透視力』千倉書房、二〇〇三年
新雅史『商店街はなぜ滅びるのか』光文社新書、二〇一二年
橋本健二・初田香成編著『盛り場はヤミ市から生まれた』青弓社、二〇一三年
田中道雄『商店街経営の研究』中央経済社、一九九五年
石原武政『小売業の外部性とまちづくり』有斐閣、二〇〇六年
梅村又次「商業と商業統計」『長期経済統計2　労働力』東洋経済新報社、一九八八年
玉野和志『東京のローカル・コミュニティ——ある町の物語一九〇〇—八〇』東京大学出版会、二〇〇五年
満薗勇「食料品小売業における販売『合理化』の限界」高嶋修一・名武なつ紀編著『都市の公共と非公共』日本経済評論社、二〇一三年
橘川武郎「『消費革命』と『流通革命』」東京大学社会科学研究所編『二〇世紀システム3』東京大学出版会、一九九八年
天野正子「零細企業における主婦の役割構造」『国民金融公庫調査月報』二六四号、一九八三年
川上智子「家電業界における流通チャネルの再編」崔相鐵・石井淳蔵編著『流通チャネルの再編』中央経済社、二〇〇九年
塚原伸治『老舗の伝統と〈近代〉』吉川弘文館、二〇一四年
天野正子「零細小売業主婦の労働と意識」『金城学院大学論集』社会科学編二六、一九八四年
石井淳蔵『商人家族と市場社会』有斐閣、一九九六年

第4章　スーパー

中内㓛『〔新装版〕わが安売り哲学』千倉書房、二〇〇七年（初版一九六九年）
中内潤・御厨貴編著『中内㓛』千倉書房、二〇〇九年
矢作敏行『小売りイノベーションの源泉』日本経済新聞社、一九九七年
石井淳蔵「わが国小売流通世界におけるパラダイム変化」石井淳蔵・向山雅夫編著『小売業の業態革新』中央経済社、二〇〇九年
高岡美佳「高度成長期のスーパーマーケットの資源補完メカニズム」『社会経済史学』六五巻一号、一九九九年

杉岡碩夫『街づくりの時代』東洋経済新報社、一九八三年
水野学「食品スーパーの革新性」石井淳蔵・向山雅夫編著『小売業の業態革新』中央経済社、二〇〇九年
『関西スーパー25年のあゆみ』関西スーパーマーケット、一九八五年
高橋佳生「流通構造の変化と取引慣行の変容」『新世代法政策学研究』一九号、二〇一三年
本田一成『主婦パート 最大の非正規雇用』集英社新書、二〇一〇年
原山浩介『消費者の戦後史』日本経済評論社、二〇一一年
田村正紀『大型店問題』千倉書房、一九八一年
川野訓志「大規模小売店舗法」石原武政・加藤司編著『日本の流通政策』中央経済社、二〇〇九年
石原武政編著『通商産業政策史4』経済産業調査会、二〇一一年
深津健二「大型店規制と消費者の利益」『法学会雑誌』四八巻二号、二〇〇七年
石井淳蔵『商人家族と市場社会』有斐閣、一九九六年

第5章 コンビニエンス・ストア

石井淳蔵『商人家族と市場社会』有斐閣、一九九六年
川辺信雄『新版 セブン-イレブンの経営史』有斐閣、二〇〇三年
高岡美佳「戦後の日本における小売業発展のダイナミズム」伊藤元重編『新流通産業』NTT出版、二〇〇五年
金顕哲『コンビニエンス・ストア業態の革新』有斐閣、二〇〇一年
矢作敏行『コンビニエンス・ストア・システムの革新性』日本経済新聞社、一九九四年
高岡美佳「日本のコンビニエンス・ストアの成長過程における資源補完メカニズム」『経営史学』三四巻二号、一九九九年
田村正紀『セブン-イレブンの足跡』千倉書房、二〇一四年
月刊「ベルダ」編集部『コンビニ 不都合な真実』ベストブック、二〇〇七年
須田耕一「『ひと』を疲弊させるコンビニの構造」『POSSE』二五号、二〇一四年
本間重紀編『〔新装版〕コンビニの光と影』花伝社、二〇〇九年（初版一九九九年）

N.D.C.672　299p　18cm
ISBN978-4-06-288325-2

講談社現代新書　2325

商店街《しょうてんがい》はいま必要《ひつよう》なのか　「日本型流通《にほんがたりゅうつう》」の近現代史《きんげんだいし》

二〇一五年七月二〇日第一刷発行　二〇二三年六月二三日第四刷発行

著者　満薗《みつぞの》　勇《いさむ》　©Isamu Mitsuzono 2015

発行者　鈴木章一

発行所　株式会社講談社
東京都文京区音羽二丁目一二―二一　郵便番号一一二―八〇〇一

電話　〇三―五三九五―三五二一　編集（現代新書）
〇三―五三九五―四四一五　販売
〇三―五三九五―三六一五　業務

装幀者　中島英樹

印刷所　株式会社ＫＰＳプロダクツ

製本所　株式会社ＫＰＳプロダクツ

定価はカバーに表示してあります　Printed in Japan

「講談社現代新書」の刊行にあたって

教養は万人が身をもって養い創造すべきものであって、一部の専門家の占有物として、ただ一方的に人々の手もとに配布され伝達されうるものではありません。

しかし、不幸にしてわが国の現状では、教養の重要な養いとなるべき書物は、ほとんど講壇からの天下りや単なる解説に終始し、知識技術を真剣に希求する青少年・学生・一般民衆の根本的な疑問や興味は、けっして十分に答えられ、解きほぐされ、手引きされることがありません。万人の内奥から発した真正の教養への芽ばえが、こうして放置され、むなしく滅びさる運命にゆだねられているのです。

このことは、中・高校だけで教育をおわる人々の成長をはばんでいるだけでなく、大学に進んだり、インテリと目されたりする人々の精神力の健康さえもむしばみ、わが国の文化の実質をまことに脆弱なものにしています。単なる博識以上の根強い思索力・判断力、および確かな技術にささえられた教養を必要とする日本の将来にとって、これは真剣に憂慮されなければならない事態であるといわなければなりません。

わたしたちの「講談社現代新書」は、この事態の克服を意図して計画されたものです。これによってわたしたちは、講壇からの天下りでもなく、単なる解説書でもない、もっぱら万人の魂に生ずる初発的かつ根本的な問題をとらえ、掘り起こし、手引きし、しかも最新の知識への展望を万人に確立させる書物を、新しく世の中に送り出したいと念願しています。

わたしたちは、創業以来民衆を対象とする啓蒙の仕事に専心してきた講談社にとって、これこそもっともふさわしい課題であり、伝統ある出版社としての義務でもあると考えているのです。

一九六四年四月　野間省一

経済・ビジネス

350 経済学はむずかしくない〈第2版〉——都留重人
1596 失敗を生かす仕事術　畑村洋太郎
1624 企業を高めるブランド戦略——田中洋
1641 ゼロからわかる経済の基本——野口旭
1656 コーチングの技術——菅原裕子
1926 不機嫌な職場——高橋克徳　河合太介　永田稔　渡部幹
1992 経済成長という病——平川克美
1997 日本の雇用——大久保幸夫
2010 日本銀行は信用できるか　岩田規久男
2016 職場は感情で変わる　高橋克徳
2036 決算書はここだけ読め!——前川修満
2064 決算書はここだけ読め! キャッシュ・フロー計算書編　前川修満

2125 ビジネスマンのための「行動観察」入門　松波晴人
2148 経済成長神話の終わり　アンドリュー・J・サター　中村起子 訳
2171 経済学の犯罪——佐伯啓思
2178 経済学の思考法——小島寛之
2218 会社を変える分析の力　河本薫
2229 ビジネスをつくる仕事　小林敬幸
2235 20代のための「キャリア」と「仕事」入門——塩野誠
2236 部長の資格——米田巖
2240 会社を変える会議の力　杉野幹人
2242 孤独な日銀——白川浩道
2261 変わった世界 変わらない日本——野口悠紀雄
2267 「失敗」の経済政策史　川北隆雄
2300 世界に冠たる中小企業　黒崎誠

2303 「タレント」の時代——酒井崇男
2307 AIの衝撃——小林雅一
2324 〈税金逃れ〉の衝撃　深見浩一郎
2334 介護ビジネスの罠——長岡美代
2350 仕事の技法——田坂広志
2362 トヨタの強さの秘密　酒井崇男
2371 捨てられる銀行——橋本卓典
2412 楽しく学べる「知財」入門——稲穂健市
2416 日本経済入門——野口悠紀雄
2422 捨てられる銀行2 非産運用——橋本卓典
2423 勇敢な日本経済論——高橋洋一　ぐっちーさん
2425 真説・企業論——中野剛志
2426 東芝解体 電機メーカーが消える日　大西康之

日本語・日本文化

105 タテ社会の人間関係　中根千枝
293 日本人の意識構造――会田雄次
444 出雲神話――松前健
1193 漢字の字源――阿辻哲次
1200 外国語としての日本語――佐々木瑞枝
1239 武士道とエロス――氏家幹人
1262 「世間」とは何か――阿部謹也
1432 江戸の性風俗――氏家幹人
1448 日本人のしつけは衰退したか――広田照幸
1738 大人のための文章教室　清水義範
1943 なぜ日本人は学ばなくなったのか――齋藤孝
1960 女装と日本人――三橋順子
2006 「空気」と「世間」――鴻上尚史
2013 日本語という外国語　荒川洋平
2067 日本料理の贅沢――神田裕行
2092 新書　沖縄読本――仲村清司 下川裕治 著・編
2127 ラーメンと愛国――速水健朗
2173 日本人のための日本語文法入門――原沢伊都夫
2200 漢字雑談――高島俊男
2233 ユーミンの罪――酒井順子
2304 アイヌ学入門――瀬川拓郎
2309 クール・ジャパン!?　鴻上尚史
2391 げんきな日本論――大澤真幸 橋爪大三郎
2419 京都のおねだん――大野裕之
2440 山本七平の思想――東谷暁